7 SEGREDOS
PARA UMA VIDA PLENA

7 SEGREDOS PARA UMA VIDA PLENA

ENCONTRE AQUELE "ALGO MAIS"
QUE VOCÊ SEMPRE PROCUROU

DAVID HOUSHOLDER

1ª edição

Geográfica editora

Santo André, SP – 2018

Copyright © 2014 by David Housholder
Published by BroadStreet Publishing - Racine, Wisconsin, USA
Todos os direitos desta obra em português pertencem à Geográfica Editora © 2018
1ª Edição – Novembro de 2018

PRINTED IN BRAZIL

Editor responsável
Marcos Simas

Supervisão editorial
Maria Fernanda Vigon

Tradução
José Fernando Cristófalo

Preparação de texto
Roberto Barbosa

Revisão
João Rodrigues Ferreira
Carlos Buczynski
Nataniel Gomes
Loen Schoffen Konrad Cavalcante

Diagramação
Pedro Simas

Capa
Rick Suecz

Para qualquer comentário ou dúvida sobre este produto, escreva para
produtos@geografica.com.br

H842s	Housholder, David
	Sete segredos de uma vida significativa: encontre o algo a mais que você tanto procura / David Housholder. Traduzido por Daniel Guanaes. – São Paulo: Geográfica, 2017.
	224p. ; 12x17cm.
	ISBN 978-85-8064-210-0
	1. Jesus Cristo. 2. Vida espiritual. 3. Propósito da vida. I. Guanaes, Daniel. II. Título.
	CDU 242

DEDICATÓRIA

A Wendy.
Tenho olhos somente para você.

O QUE ESTÃO FALANDO SOBRE
7 SEGREDOS PARA UMA VIDA PLENA

Então, você deve estar pensando...
"Ou seja... Outro livro 'cristão'... do tipo 'isto é o que eu preciso'? Meu filho não fala mais comigo, meu casamento está desmoronando, estou acima do peso e a prestação da casa vence todos os meses até o dia da volta de Jesus. Eu estive lá, já segui essa coisa de religião – isso não funciona."

David Housholder sabe disso e, dessa forma, escreve sobre o que significa ter um relacionamento real e pessoal com Jesus. O Cristo que está em nossa vida diária, que nos conhece, cuida de nós e nos ama exatamente como somos. Podemos nos conectar à reflexão, ao humor e aos cenários da vida real e prática, compartilhados aqui pelo Sr. Housholder.

Ainda mais importante: encontramos a nossa conexão com Cristo que nos fornece esperança e significado em meio às nossas mais desafiadoras experiências humanas.

David escreve:
"Deus acha que vale a pena morrer por você, criado de maneira assombrosa e maravilhosa, um milagre biológico e espiritual, cheio de sonhos e visões. Essa benevolência irá levar à intimidade e amizade com os outros, e os céus começarão a se abrir de modo que você possa se aquecer na alegria do Senhor."

"Beleza, então me inscreva!" Certo?

À medida que eu lia o livro, me sentia cada vez melhor porque comecei a "conhecer" melhor. O "pastor Hous" irá ajudá-lo a chegar lá também à proporção que você aprender quem é em Cristo. Ele revela os segredos para um viver diário e real pleno de significado e propósito.
– Debbie Griffith
Radialista, Everyday Matters
DebbieGriffith.com

TODOS NÓS PRECISAMOS CONHECER ESTES SEGREDOS! E não somente conhecê-los, mas sermos capazes de nos apropriarmos deles. Habilmente David tem assumido a paixão de Deus por seus filhos e disponibilizado isso a QUALQUER UM que de fato queira experimentar esse tipo de viver. Tão logo inicie a leitura, você imediatamente passa a dizer: "Eu posso fazer isso!" Não há mais segredos!
– Peter Eide
Cantor/Compositor/Líder de Adoração
PeterEide.com

Ler este livro será como conversar com um conselheiro da igreja. Não se trata de uma discussão intelectual e enfadonha sobre as nuances ou a história da teologia. David Housholder nos conta uma história após a outra com o objetivo de alertá-lo de que a vida é muito mais do que rigor acadêmico. A vida é espiritual. Cada capítulo é singular, pronto a oferecer a sua própria porção de sabedoria. É possível ler este livro inteiro em um dia, porém provavelmente isso não seja o mais indicado, pois a sua leitura demanda tempo de reflexão.
– J. F. Arnold
Editor-chefe, *Evangelical Outpost*
EvangelicalOutpost.com

Meu amigo, David, sempre viu a vida em alta definição. Ele o introduzirá a novas cores, texturas e verdades no tapete da vida. Leia este livro pelos SEGREDOS, mas siga adiante com a serenidade de conhecer um Deus que está com você e age por você. Inclusive agora.
– Bill Bohline
Pastor-líder, Hosanna! (Mineápolis-St. Paul)
HosannaLC.org

Em sua mais recente obra, David Housholder reúne, a partir do texto bíblico, discernimento e sabedoria de extrema relevância para as pessoas viverem a vida abundante que Deus planejou para elas, articulando-os de tal forma que mesmo os mais pós-modernos podem assimilar e compreender. Ele fornece ferramentas para reflexão e discussão a fim de auxiliar o leitor a processar e aplicar o tema central de cada capítulo. Este livro constitui um excelente recurso para estudos em grupo, para discipular novos convertidos ou para facilitar algumas conversas francas sobre a fé cristã com alguém interessado nessa busca.
– **Mike Bradley**
Diretor, The Alliance of Renewal Churches (ARC)

David Housholder escreveu uma joia devocional. Os segredos que ele revela são, de fato, segredos para muitos. Em geral, tais verdades sobre o viver cristão, apesar de bem conhecidas, são negligenciadas. A centralidade do conhecimento de Deus, ter um relacionamento pessoal com Jesus Cristo, a oração, o estar presente, um viver com amor, disciplina e alegria são alguns desses grandes segredos. Porém, o livro, além de apresentar disciplinas espirituais fundamentais, também inspira. Escrito de maneira atraente e bem ilustrada, esta obra nos revela como colocar esses segredos em prática. David fala de suas experiências pessoais, transportando-nos para "aquele momento" com ele, enquanto nos diz como viver fielmente "o momento" com Cristo.
– **Dr. Robert B. Sloan Jr.**
Presidente, Houston Baptist University
hbu.edu

O livro *Sete segredos de uma vida plena* oferece uma refrescante perspectiva da vida que inclui inesperada sabedoria para qualquer um que esteja interessado em encontrar um caminho melhor.
– **Mike Housholder**
Pastor Sênior, Lutheran Church of Hope West Des Moines, Iowa
Maior igreja protestante nos Estados Unidos
HopeWDM.org

David é um daqueles homens inspiradores, no qual me espelho em busca de ideias e discernimento. Todos nós necessitamos de sua energia e de seu exemplo. Não deixe de ler este livro.
– **Mike Woodruff**
Pastor Sênior, Christ Church Lake Forest, Illinois
ChristchurhcIL.org

Nos dias atuais, a maioria das pessoas não sabe como viver, em especial porque jamais leram o manual de instruções oficial para a vida. Com humor e honestidade animadora, David Housholder nos introduz aos princípios básicos que dão significado à vida. Se você procura por propósito de vida, esta obra irá facilitar a sua busca!
– **J. Lee Grady**
Autor de *Fearless Daughters of the Bible* (As filhas destemidas da Bíblia)

Leitura leve sobre um assunto pesado. Housholder nos faz refletir novamente sobre como viver e amar com alegria, apesar dos desapontamentos. Um livro para as pessoas ocupadas do nosso tempo, bem como para as que dedicam tempo em reflexão sobre tais temas.
– **Willem B. Drees**
Editor de *Zygon: Journal of Religion and Science* e professor de filosofia, em Leiden e Tilburg, Holanda.

Já estou com 69 anos. Gostaria, porém, de ter sido introduzido a estes sete segredos cinquenta anos atrás, pois eles teriam mudado a minha vida muito antes.
– **Juiz James P. Gray**
Autor de *A Voter's Handbook: Effective Solutions to America's Problems* (Manual do eleitor: soluções para os problemas da América)

Mais uma vez, David Housholder habilidosamente une a sabedoria antiga à praticidade dos dias atuais mediante um guia totalmente acessível para uma vida melhor. Leia este livro e você será verdadeiramente abençoado!
– **Bob Rognlien**
Autor de *The Experiential Worshiper* (O adorador experimental)

Desde o pensamento inicial de que "Jesus é o autorretrato de Deus" até a imagem final do pai de Dave rasgando a cortina negra do altar e exclamando "Jesus ressuscitou!", este livro não pode e não deve ser consumido de uma só vez. Ele clama por ser lido aos poucos, ser examinado, saboreado, ingerido e digerido pedaço por pedaço, sentença a sentença, ideia a ideia, sonho por sonho. Este é um livro que exige tempo, espaço, reflexão, conversa e lugar. Não o esqueça em sua estante. Leve-o consigo e viva cada pequeno trecho por vez, até que ele diga para você avançar.
– **Dr. Rich Melheim**
FaithInk.com

Breve, divertido e profundamente filosófico. Este é um pequeno e poderoso livro que alimenta a alma.
– **Dr. Tony Ganem**
Diretor do Wellness Officer
BodyPro Fitness Center, Orange County, Califórnia
BodyPro.com

Dave Housholder é um homem de paixão e desejo – paixão pela sabedoria de Jesus e desejo de ver todas as pessoas vivenciando a plenitude da vida no Espírito. Com um discernimento prático, ele revela tudo o que o Criador deseja que saibamos.
– **Bispo Steve Wood**
Igreja Anglicana na América do Norte

Este homem possui as respostas que você tem buscado por toda a vida.
– **Geert Kimpen**
Autor do best-seller *De Kabbalist* (O cabalista)
GeertKimpen.com

David Housholder toca a alegria de Deus e ela se derrama na forma de sabedoria prática para viver a vida que o Senhor planejou para você.
– **Reverendo Dana Hanson**
Pastor Sênior, LIFEHouse de Los Angeles
Autor de *How to be a Christian without being a Jerk* (Como ser cristão sem ser um tolo)

"A própria vida de Jesus é um autorretrato de Deus." Essa impactante frase abre o livro de Housholder e dá uma indicação da direção na qual ele segue. Em breves e incisivos capítulos, David introduz seus leitores a uma atraente narrativa sobre como traduzir a teologia comum e as práticas usuais da fé em um compromisso significativo na vida cotidiana. Deus é o segredo de uma vida com significado, e este livro dá as boas-vindas aos leitores rumo a uma vida em Deus.
– **Reverendo Clint Schnekloth**
Autor de *Mediating Faith: Faith Formation in a Trans-Media Era* (Fé mediadora: formação da fé em uma era de transmídia)

David Housholder traz esperança e alegria ao leitor com esta coletânea de sabedoria habilmente entrelaçada com impactantes experiências pessoais e originais reflexões.
– **Diaconisa Jennifer Clark Tinker**
Palestrante/Autora inspiracional e Editora-chefe da *Life & Liberty Online Magazine*

Todos os que buscam felicidade e significado na vida deveriam ler esta obra de David Housholder, *Sete segredos para uma vida significativa*. O autor revela sete *insights* que irão auxiliar o leitor a ousadamente abraçar as competências que Deus lhe concedeu.
– **Sue Detweiler**
Autora de *9 Traits of a Life-Giving Mom* (9 características de uma mãe vivificante)
www.SueDetweiler.com

Os aparentemente simples segredos de David Housholder estão embalados em profunda complexidade; sabedoria que somente advém de uma vida de aprendizado e experiência. O que você encontrará em *Sete segredos para uma vida significativa* são revelações de um poço extremamente profundo. Você não apenas aprenderá algo novo, como também será desafiado a considerar a questão que pode mudar a sua vida para sempre.
– **Mary-Kathryn**
Atriz da série *Nashville*

SUMÁRIO

Capítulo Um
O segredo de conhecer Deus — 13

Capítulo Dois
O segredo de conhecer a si mesmo — 37

Capítulo Três
O segredo do amor — 59

Capítulo Quatro
O segredo da espontaneidade — 87

Capítulo Cinco
O segredo do investimento — 111

Capítulo Seis
O segredo da abundância — 141

Capítulo Sete
O segredo da alegria — 167

Agradecimentos — 197

Capítulo Um
O SEGREDO DE CONHECER DEUS

Minha esposa Wendy não se lembra dos nomes de todos os professores que teve no ensino fundamental. Com esforço, alguma pesquisa e investigação, é possível descobrir os nomes de todos eles. Consegue-se memorizar os números da classe e o endereço da escola. Inclusive, é possível repintar a escola a partir de fotos antigas, em aquarela, e exibi-las em uma galeria.

Em essência, é possível aprimorar a sua pesquisa e descobrir tantas coisas sobre Wendy, que, se você elaborasse um teste sobre ela mesma, não haveria a menor chance de ela passar.

E você conseguiria fazer isso sem jamais tê-la encontrado ou a conhecido pessoalmente.

Enviamos nossos filhos a escolas dominicais, a escolas bíblicas de férias e até mesmo a seminários dotados de enormes bibliotecas, cheias de informações, bem como dados bíblicos e teológicos. Tudo para ensinar às pessoas fatos a respeito de Deus. Nenhuma crítica quanto a isso.

Mas você conhece Deus?

Se não, eis aqui como conhecê-lo.

Deixe de lado as falsas concepções

Recordo-me de olhar para o teto de uma magnífica igreja na Itália, alguns anos atrás. Lá, sentado no trono, havia a figura de um homem velho e poderoso, com o dorso nu e um manto em seu colo que descia até suas sandálias. Seus cabelos e sua barba, ambos alvos e encaracolados, emolduravam olhos sérios e penetrantes, evidenciados por sobrancelhas cerradas.

Supostamente esta era a representação de Deus, o Pai. No entanto, aquela era uma cópia exata da figura de Zeus, o deus-pai da Grécia Antiga.

De onde vieram essas imagens de Deus?

Outra imagem comum é a de um invisível Ser Supremo. Deus é um abstrato "ponto de luz", impessoal e distante. Este poder superior é o grande Arquiteto, também chamado de Todo-Poderoso ou Provedor.

Ele é citado na Declaração de Independência dos Estados Unidos: "dotados pelo Criador de certos direitos inalienáveis..." Esta "Razão Suprema" é realmente o deus de Platão, o deus de pessoas reflexivas.

Não que essas imagens – seja a do Pai barbudo sentado no trono, seja a do invisível Primeiro Agente da criação – estejam totalmente erradas. Contudo, limitar a Deus sob qualquer imagem ou conceito visual nos leva ao caminho de esculpir uma imagem gravada, o que é proibido nos Dez Mandamentos.

Ao atribuirmos uma imagem para Deus, podemos ser levados a pensar que não precisamos conhecê-lo de maneira real.

Jesus, cuja sabedoria continua a nos surpreender, maravilhar e desafiar vinte séculos depois, nos fornece outra opção.

Ele chocou os seus seguidores ao afirmar: "Se vocês realmente me conhecessem, conheceriam também o meu Pai" (Jo 14.7).

Jesus é o "autorretrato" de Deus.

Em vez de uma imagem estática, fixa ou abstrata, Jesus nos presenteia com um retrato dinâmico e relacional do Criador em contato conosco.

Jesus cultivava esse relacionamento "Eu e Deus" ao se levantar bem cedo e se dirigir a locais isolados para orar, para se alinhar com a agenda de Deus que tinha pela frente (ele chamou a isso de o *reino*) e para agir com essa consciência pelo resto do dia.

As bibliotecas não são o melhor lugar para se encontrar Deus. Antes, ele deve ser buscado diariamente, mediante a nossa crescente consciência dele e os atos decorrentes dessa conscientização.

Isso não vem de uma vez...

Pouco a pouco, o ovo aprende a andar.
– Provérbio etíope

... portanto tenha paciência. Talvez tenham sido necessários trinta anos para Jesus Cristo desenvolver o seu sentido e percepção quanto à presença, o poder e a ação do Pai, sendo fortalecido por um retiro de quarenta dias no deserto, antes de dar início ao seu ministério público por meio de palavras e atos.

Você não encontrará Deus esquadrinhando as pinturas nos tetos das igrejas. Tampouco ele será encontrado mediante questionamentos filosóficos quanto ao tremendo mistério da sua suprema direção do universo.

Você o encontrará, assim como Jesus, bem cedo da manhã e ao longo do dia. Com o tempo, a sua consciência de Deus crescerá, bem como o seu poder, alegria e paz.

A própria vida de Jesus é o autorretrato de Deus.

Em breve, as pessoas verão o brilho do Pai na luz e na vida dos seus olhos – nas *selfies* que você tirar...

E elas perguntarão: "O que há de diferente em você ultimamente?"

Aplicação e discussão
- Quais são as falsas imagens de Deus com as quais você cresceu ao longo do tempo?
- Você é uma pessoa impaciente? Acha que isso prejudica o seu desenvolvimento espiritual?
- Você acha estranho pensar que Jesus necessitava de tempo para cultivar o relacionamento dele com o Pai?
- Neste momento, como Deus está inspirando você com pensamentos e indagações?
- Durante as próximas semanas, preste atenção a ilustrações que retratam Deus, Jesus ou coisas espirituais. Como elas ajudam? Como atrapalham?

Descubra o caminho estreito

Quando vou a funerais, percebo claramente que a maioria das pessoas crê que quase todos vão para o céu; que poucos não são "aprovados" no curso da vida. Durante o ato fúnebre, o que mais se escuta nas conversas são frases do tipo: "Com certeza, está em um lugar melhor agora."

Na mente dos cidadãos medianos, o inferno ou a reprovação espiritual estão reservados apenas aos que são seriamente reprováveis ou maus.

Entrem pela porta estreita, pois larga é a porta e amplo o caminho que leva à perdição, e são muitos os que entram por ela. Como é estreita a porta, e apertado o caminho que leva à vida! São poucos os que a encontram.
– Mateus 7.13-14

Com certeza, nessa passagem, Jesus não está falando especificamente sobre céu e inferno, mas sobre destruição.

Difícil é o caminho que leva à vida, e são poucos os que o encontram.

Isso soa como verdade para mim. De fato, na vida, assim como no futebol, muitos recebem a bola, mas perdem o gol. Como escreveu Thoreau: "A maioria dos homens vive uma vida de silencioso desespero."

E Oliver Wendell Holmes nos deixou esta frase:

Ai daqueles que nunca cantam,
Mas falecem com toda a música dentro de si.

Para completar esse pensamento, a voz de Shakespeare ecoa pelos séculos:

A vida é apenas uma sombra ambulante, um pobre cômico
Que se empavona e agita por uma hora no palco
Sem que seja, após, ouvido; é uma história
Contada por idiotas, cheia de fúria e muita barulheira,
Que nada significa.[1]

Poucos o encontram.

O fracasso espiritual é plenamente possível e ocorre com extrema frequência.

O fato de abrir este livro mostra que há um impulso em você, uma *intenção* de ser um desses poucos. Você procura pela porta estreita.

A maioria das pessoas afirma a existência de Deus. Entretanto, a maioria também está seguindo a estrada da destruição. Você está pronto para passar do nível de apenas conhecer um pouco sobre Deus para conhecê-lo de modo pessoal?

Por ser uma pessoa de físico avantajado, eu, literalmente, tenho pesadelos com entradas e passagens estreitas. Serpentear rumo ao alvo da vida será de fato desafiador para todos nós.

Necessitamos sair da larga autoestrada que conduz à destruição e nos dispormos a seguir o caminho menos trilhado (como Robert Frost o chamou).

---
1 SHAKESPEARE, William. *Macbeth*, Ato 5, Cena 5. Domínio público.

Jesus fez isso, e trilhar por esse caminho não foi nada fácil para ele. Você acabará indo contra a corrente da sociedade. Será alvo de críticas, exclusão e condenação social. Isso pode trazer-lhe dúvidas e a tentação de retornar ao caminho mais largo.

Mas Jesus estava determinado a seguir para Jerusalém e encontrar o seu destino. Eu suspeito que você jamais se contentará com menos que isso.

Jacó lutou com um anjo até de manhã e não permitiu que ele fosse embora sem o abençoar.

A intenção, quando confirmada dia após dia, leva a esse tipo de espírito resoluto. Essa determinação encerra o que é preciso para descobrir e entrar pela porta estreita.

Você conhecerá o coração de Deus ao longo do caminho, e isso é o que irá separá-lo daqueles que se apressam no tráfego intenso da estrada da destruição.

Encontrarei você na porta estreita.

Aplicação e discussão

- Em uma época na qual todos no time ganham um troféu, torna-se mais difícil imaginarmos a maioria das pessoas falhando espiritualmente?
- Como você concilia o dom gratuito da graça de Deus com a clara (e dissonante) imagem da porta estreita mencionada por Jesus?
- Que ações práticas você pode fazer agora para assegurar a sua intenção de vencer a distância e de não retornar à estrada da destruição?

Inicie com a natureza de Deus

Vamos começar com a natureza de Deus. Sem alguma dose de sabedoria aqui, interpretaremos a Bíblia de forma equivocada e ficaremos reféns de uma roda de perguntas sem respostas.

Em suma, Deus é bondade e poder. Comprometa essa visão, e a sua percepção da realidade começará a ficar embaçada como um céu nublado, impedindo que os raios do sol cheguem até você.

Porém as nuvens não extinguem o sol.

Brade em alta voz "Deus é bom!" em uma congregação historicamente afro-americana e você obterá a visceral resposta: "Em todo o tempo!"

A não ser que estabeleça profundamente essa verdade em seu coração, os eventos e as circunstâncias que agitarão a jornada da sua vida não farão o menor sentido. A bondade e a benevolência estão no âmago de cada centímetro quadrado da criação. Ordem. Beleza. Energia. Luz.

Qualquer coisa que não seja boa, simplesmente não é de Deus.

Deus não pode nos dar algo que não possui: ódio, inveja, escassez e outras coisas similares.

Todas essas coisas negativas são distorções do plano original de Deus. Tentar descobrir a origem de todas as coisas ruins irá subjugar a sua capacidade mental e, com o tempo, destruirá o seu bom senso. É muito mais útil focar naquilo que conhecemos e no que podemos fazer.

E Deus é *poderoso*. Porém, em geral, o seu poder está em modo de espera, aguardando que o ativemos. Jesus denominou isso de reino ou governo de Deus. Por alguma razão, Deus escolheu nos incluir no nível das tomadas de decisão de sua criação. Ele nos fez parceiros em seu divino governo, concedendo-nos, assim, a função de "jardineiros da terra", como descrito no livro de Gênesis.

É algo para o qual somos perfeitamente adequados. Somos como canais que levam o poder de Deus à criação.

"Venha o teu Reino; seja feita a tua vontade, assim na terra como no céu."
(Lucas 11.2; Mateus 6.10)

Este é o núcleo central da oração ensinada por Jesus, popularmente conhecida como a Oração do Senhor, ou Oração do Pai-nosso.

Ele mesmo poderia dirigir toda a sua criação, no entanto decidiu fazer algo mais belo e impressionante: compartilhar esse governo conosco.

Sempre que virmos algo ao nosso redor que seja doloroso ou negativo, eis aqui uma oração que sempre deveríamos estar preparados a fazer:

"Senhor, creio que isso não veio de ti. Não existe nada quebrado que o Senhor não seja capaz de consertar. Envie o poder do seu reino através de mim, capacitando-me a ajudar na restauração dessa situação agora.

Venha o teu reino, seja feita a tua vontade, assim na terra como no céu. No nome de Jesus, amém."

A bondade e o poder incondicionais de Deus estão à nossa disposição para serem usados. Você está pronto para entrar no jogo? Quando o Senhor examina a terra, ele vê que a seara é grande.

Seja um deles. O poder aguarda.

Aplicação e discussão

- Você se sente intimidado ao saber que Deus nos confiou o cuidado do planeta?
- Como tentar descobrir a origem do mal pode nos desviar da alegria e do poder na vida?
- Discuta a frase: "As nuvens não extinguem o sol." O que isso significa em nossa vida diária, bem como a confiança na brilhante (e quente) bondade de Deus?

Conheça a prioridade de Deus

Há séculos, cristãos da Holanda, da Suíça e da Escócia têm uma simples resposta para a pergunta: "Qual é o propósito da vida?"

Os seus jovens adolescentes eram obrigados a memorizar essa resposta.

Ela era, e ainda é, mencionada na contracapa de seus hinários.

Nosso objetivo principal é *glorificar a Deus e desfrutá-lo para sempre*.

Já os europeus do Sul tinham uma forma diferente de dizer isso; eles focavam tudo no *amor de Deus*.

Agora, essa frase pode ter dois significados: nosso amor por Deus e o amor de Deus por nós. Essa ação bidirecional era ensinada como o ponto principal da existência humana.

Observe a palavra inglesa *joy* [alegria] inserida no verbo *enjoy* [desfrutar].

O amor não é uma tarefa imposta, mas um sentimento concedido livremente. Caso contrário, não possui significado algum.

Contudo, simplesmente não nos "apaixonamos" involuntariamente; nós "escolhemos" amar. Trata-se de uma ação intencional, de agir com propósito.

E escolher a alegria é algo muito fácil. A maioria de nós experimenta um déficit de alegria por longos períodos.

Desfrutar de Deus é responder *sim* à nossa própria presença aqui neste planeta. Jamais nos perguntaram se queríamos estar no mundo como pessoas. Então, de repente, aqui estamos nós. Em nossa memória não há qualquer registro de algo anterior aos nossos primeiros anos de vida.

Portanto, temos que fazer uma escolha. Uma vez que estamos aqui sob a forma humana, cabe-nos decidir se lamentaremos a nossa situação ou se desfrutaremos dela.

Eis a mensagem pessoal que minha esposa escreveu em seu anuário do ensino médio: "As coisas são bonitas se você as amar." E se elas se tornam bonitas, é mais fácil amá-las. A vida pode ocorrer em ciclos, de alegria em alegria e, conforme o texto bíblico, de glória em glória (2Co 3.18).

No entanto, essa pequena chama de alegria exige cuidado e proteção. Não deixar nada ou ninguém – vento, chuva ou mesmo negligência – apagá-la.

Essa pequena luz em mim, eu vou deixá-la brilhar.

Uma das maneiras de honrar e desfrutar do Senhor é apreciar cada pessoa que cruza o nosso caminho, pois cada ser humano é uma obra das mãos de Deus. Sua obra-prima.

Com certeza necessitamos de bons limites, porém dar um voto de confiança às pessoas que conhecemos tem provado ser benéfico aos negócios e à nossa vida social. Em resumo, a confiança nas pessoas ajuda na edificação da alegria.

Ao ser perguntado sobre qual era o maior mandamento de todos, Jesus respondeu sem hesitar: "'Ame o Senhor, o seu Deus de todo o seu coração, de toda a sua alma, de todo o seu entendimento e de todas as suas forças.' O segundo é este: 'Ame o seu próximo como a si mesmo'" (Mc 12.30-31).

Em suma, esse esforço intencional nos impele a uma vida de alegria.

Aplicação e discussão

- De que maneiras você se tornou exageradamente sério e desenvolveu esse déficit de alegria?
- Às vezes, você (e outros) sente dificuldades em se motivar por causa da falta de alegria?

- Como você pode cultivar as suas habilidades de "incendiário" da alegria entre as pessoas?

Busque o conhecimento de Deus e permaneça em Deus
O conhecimento de Deus nem sempre nos deixa confortáveis. Ele não reforça a nossa cosmovisão nem nosso conjunto de opiniões.

Deus assegura a si mesmo como uma personalidade: quer seja nas páginas da Bíblia, quer seja em nossas relações pessoais por meio da oração e da nossa vida.

Deus simplesmente se recusa a ser restrito a um fluxograma e não permitirá que você aprenda sobre ele por meio de aulas à distância, onde nunca precisará olhá-lo nos olhos.

O rosto de Deus brilha. Uma das mais antigas bênçãos registradas pela raça humana foi dita a Arão, o sacerdote, que, por sua vez, falou ao povo de Israel:

> *"O SENHOR te abençoe e te guarde;*
> *o SENHOR faça resplandecer o seu rosto sobre ti*
> *e te conceda graça;*
> *o SENHOR volte para ti o seu rosto*
> *e te dê paz."* (Nm 6.24-26)

Uma das maiores bênçãos na vida é estar diante da brilhante face de Deus.

O Evangelho de João apresenta uma palavra-chave para essa deliberada e demorada exposição: *habitação*. Pegue a palavra *permanência* e a envolva com o calor do coração e a receptividade da alma, e você obterá *habitação*.

Um dos mais inspiradores hinos, entoado em pequenas igrejas, ao redor do mundo, termina com estas palavras:

... em vida e morte, Ó Senhor, habite em mim...

Quando habitamos com o Senhor, não estamos tendo uma experiência de segunda mão. Nada de errado quanto a estudar livros sobre Deus e teologia, mas, como observado anteriormente, esses encontros de segunda mão jamais poderão substituir esse habitar.

Vivendo em sociedades frenéticas, pautadas pela urgência e imersas na mídia, temos perdido essa capacidade de estar na presença seja de Deus, seja das demais pessoas.

Nossas orações se tornam cada vez mais parecidas com *fast-food*, enquanto o Senhor está sentado à mesa para um jantar ao estilo italiano, deixando-se estar conosco.

Enquanto escrevo isso, estou sentado na praia, na costa da Califórnia, que tanto amo. Uma jovem família com duas crianças pequenas está desfrutando da vida ao redor de uma pequena fogueira acesa em um buraco na areia. O celular está tocando, mas eu o estou ignorando, enquanto saboreio a singela felicidade de observar estas quatro pessoas – crianças brincando e fazendo estripulias na areia, uma jovem mãe sentada ao redor da fogueira, olhando para seu marido, enquanto este orgulhosamente cuida do fogo. O pequeno Mitchell (eles continuamente o advertem para não ir longe) acabou de aprender a andar e mostra-se fascinado com seus pés chutando a areia. Ocasionalmente ele dá pequenos pulos, expressando puro êxtase.

Estou bendizendo ao Senhor por conceder-lhes este fim de tarde em família, enquanto o sol desaparece por entre matizes em tons rosa no horizonte que se delineia à minha direita. Estou habitando com Deus ao parar e prestar atenção a essa família. Alegro-me com a alegria deles.

Habitar significa desacelerar e desfrutar da vida que se desenrola ao nosso redor. Deter-se e sentir o aroma das flores, apreciar o colorido e as condições climáticas, saber a hora do alvorecer na manhã seguinte.

Não é possível demorar-se com Deus se você gasta a sua vida em um ritmo frenético que o consome inteiro. Desacelere. Quando foi a última vez que você deu um longo suspiro? Na próxima vez, inspire mais profunda e vagarosamente.

A Bíblia nos relata que o Senhor soprou no barro o fôlego da vida e nos tornamos seres viventes (Gn 2.7).

Há lugar para o estudo. Porém o Criador do universo não nos conduz às estantes das bibliotecas para nos encontrarmos com ele.

O pequeno Mitchell encontrou um graveto para revirar a areia. Mas com a sua outra mão ele busca e encontra a sua mãe, que está ajoelhada. Por um momento, ele habita com ela. Certamente o coração dela está preenchido agora.

O Senhor está esperando que você preencha o coração dele. Permaneça em sua presença.

Aplicação e discussão

- As palavras *bênção* e *êxtase* estão intimamente relacionadas. Seria possível a você crescer na bênção de outros sem crescer em êxtase e júbilo?
- Abençoar os outros e, ao mesmo tempo, passar aceleradamente pela vida é como lançar flechas da traseira de um caminhão trafegando por uma estrada esburacada. Cite algumas maneiras de permanecer com outras pessoas de modo a abençoá-las melhor.
- Quão importante é o toque humano na bênção aos outros? Às vezes, você sente falta de contato humano durante o dia?
- O que pode fazer para abençoar outros com a sua presença física?

Cultive a presença de mente

A chave para cultivar uma progressiva e contínua consciência da presença de Deus é fazer mais daquilo que funciona e menos do que não funciona.

O Senhor nos encontra onde estamos e ele sabe do que somos constituídos. Eis por que Deus disponibiliza três aspectos de si mesmo para escolhermos como o nosso ponto de entrada pessoal a fim de conhecê-lo em sua plenitude: *Pai, Filho (Jesus) e Espírito Santo.*

O ensino clássico da fé cristã descreve Deus como um ser totalmente unificado, mas existindo eternamente em três pessoas – que é apenas uma elegante palavra latina para *faces.*

Essas pessoas ou individualidades são denominadas como Deus, o Pai, Deus, o Filho (Jesus) e Deus, o Espírito Santo. Todos nós, humanos, somos diferentes e, em geral, temos nossa preferência em termos de pontos de acesso para iniciar o crescimento de nossa relação com Deus.

- Aqueles espiritualmente mais sensíveis, em geral, acham mais fácil ver a Deus como Espírito. Pessoalmente, essa é a minha tendência. Tenho facilidade em compreender coisas no reino espiritual e confiar na existência de reinos que não podemos enxergar ou mensurar. Experiências transcendentais vêm sem dificuldades, e sinto-me em casa no inflamado cristianismo que envolve os campos missionários globais do sul.
- Aqueles mais relacionalmente orientados são, com frequência, primeiro atraídos por Jesus. Ele é Deus em uma forma que podemos entender e com o qual podemos nos relacionar. É mais difícil imaginar-se andando e conversando com o Espírito Santo. Sinto-me profundamente atraído por Jesus. Considero-o sobremaneira fascinante e pagaria qualquer preço para ver como ele de fato era fisicamente e como o seu temperamento regia o seu ensino nos tempos do Novo Testamento.
- Já aqueles mais confortáveis com filosofia e mistérios certamente preferem começar com Deus, o Pai – fora de nosso alcance e visão, no

céu. Estes se sentem à vontade com o início da Oração do Senhor. São, como eu sou, ligeiros em ver a beleza do plano do Pai em uma flor ou no voo de um beija-flor. Os que assim creem possuem o anseio no coração de descobrir o seu propósito no grande projeto da criação. Em geral, o meu amigo, Joe Johnson, inicia as suas orações exclamando "Pai!"

Veja, quando estabelece um relacionamento com Deus por meio de uma dessas entradas, você acessa tudo de Deus, porque ele é indivisível. Sinto-me atraído pelas três pessoas da Trindade, porém mais pelo Espírito Santo do que por Jesus. Deus, o Pai, embora sendo uma imagem positiva para mim, não começa o dia comigo.

Para mim, inspirar, acalmar a mente e orar "Vem, Espírito Santo" (uma das mais antigas orações da Igreja Cristã) é, de longe, a melhor maneira de entrar na presença de Deus. Em geral, finalizo as minhas orações em profunda contemplação da pessoa de Jesus. Também mantenho contato direto com o Pai, porém com menos frequência.

Assim, seja você mesmo. Comece com a pessoa de Deus que mais atraia a sua oração. Então, permita que ele o conduza a níveis mais profundos daquilo que tem para sua vida naquele exato momento.

Diversifique, de vez em quando. Foque na pessoa de Deus que lhe seja menos familiar e veja até onde isso o leva.

Seja você mais sensível sobrenatural, relacional ou filosoficamente, não importa, Deus falará com você exatamente onde você estiver.

Você deve apresentar-se com tudo o que necessita para desenvolver um relacionamento vivo, pleno e satisfatório com o seu Criador.

É tempo de desfrutá-lo para sempre. Comece hoje mesmo.

Aplicação e discussão

- Qual das três pessoas de Deus exerce maior atração em você?
- Você é mais sensível sobrenatural, relacional ou filosoficamente?
- Como seria uma prática espiritual baseada em seu temperamento no dia a dia? Como essa prática pode ser cultivada?

Evite as brechas

Não podemos cultivar esse habitar na presença de Deus se não olharmos para a "raiz gêmea" da palavra: *presente*.

Nada existe no passado ou no futuro. Odeio desapontar os fãs da viagem no tempo, tão comum na ficção científica, mas não é possível ir a um tempo que nada mais é do que ilusão. Você pode ter pleno acesso à riqueza de Bill Gates, bem como fazer uso de toda a tecnologia já desenvolvida e, ainda assim, a viagem no tempo seguirá sendo uma miragem.

Claro, as imagens em nossa mente podem parecer muito reais. Todos nós já acordamos suados e aterrorizados por sonhos que imitavam a vida perfeitamente. As memórias, em grande parte, funcionam de modo semelhante, em especial aquelas que envolvem um poderoso conteúdo emocional.

Podemos nos sentir nostálgicos com uma antiga canção que ouvimos no shopping enquanto fazemos compras. As memórias conectadas à canção nos atingem como uma onda. Mas os eventos em nossa memória simplesmente não estão acontecendo em lugar nenhum. Eles não existem mais.

O mesmo acontece com o futuro. Aqueles de nós que trabalham com extensas listas de tarefas e em projetos complexos podem projetar o coração em um futuro que não é menos sonho do que o passado. Igualmente, não existe e não pode ser encontrado em lugar algum.

O futuro pode suscitar todos os tipos de preocupações, e o passado pode gerar todos os tipos de arrependimento e vergonha. Porém nenhum deles está conectado à realidade. Isso apenas acontece no aqui e agora.

E, no aqui e agora, podemos apenas dar um passo de cada vez, completar uma ação por vez.

Um ditado comum em muitas culturas expressa algo como:

O presente bem vivido leva a um amanhã melhor e a ricas memórias em seu passado.

Ser capaz de fechar as brechas que nos levam ao passado e/ou ao futuro constitui o segredo de manter a bola de boliche da vida na pista certa e poder acertar alguns pinos.

A maioria das pessoas infelizes que conheço possui um minúsculo futuro sobrepujado pelo seu passado, onde o coração delas realmente vive. A preocupação delas quanto às futuras lágrimas provém do estômago. Elas não conseguem permanecer no presente.

O mesmo é verdadeiro quanto à sua prática de oração. Se você está sempre barganhando com Deus – vivendo nos pecados já cometidos (passado) ou pedindo que lhe conceda toda a sorte de bênçãos (futuro) –, então não constitui surpresa o fato de enfrentar dificuldades em sentir a sua santa presença (eis aquela palavra novamente!).

Se você fosse o Criador do universo, não estaria mais interessado no que as pessoas estão fazendo agora do que naquilo que fizeram na semana passada ou o que farão nos próximos dias?

A maioria das pessoas felizes ama estar na companhia dos outros aqui e agora. São capazes de amar os outros e desfrutar das pequenas coisas da vida. Elas não vivem agitadas para alcançar algum alvo futuro. E, surpreendentemente, tendem a realizar um trabalho melhor e, por consequência, a receber um salário maior, exatamente porque desenvolveram a habilidade de prestar atenção ao que estão fazendo, aqui e agora. Os medalhistas de ouro olímpicos possuem uma forte atração pelo presente, assim como vendedores bem-sucedidos.

Há muitas maneiras de viver melhor no aqui e agora. Uma delas é prestar atenção à sua respiração. Não foi isso o que a sua mãe lhe disse que fizesse quando terminasse a tarefa? Como foi a sua última respiração? Seja mais vagaroso na próxima. Aprenda a escutar. Estou ouvindo o som longínquo de um avião. Há um leve zumbido de carros atrás de mim. No parque à minha frente, um grupo de jovens está envolvido em uma conversa recheada de energia e alegria em suas vozes. Dois adolescentes estão brincando com uma bola, e ouço o som de um tapinha gentil cada vez que eles a agarram. Um garoto alto acabou de passar por mim, arrastando as suas sandálias e sua prancha no chão arenoso. O zunido suave e característico de duas rodas de bicicleta vai se afastando. A porta de um carro acabou de ser fechada.

Detenha-se um instante para ouvir. Prestar atenção é a chave para encontrar paz e ser produtivo.

Guarde-se das brechas do passado e de viver no futuro. A vida é um dom; eis por que a chamamos de presente.

Aplicação e discussão

- Diz-se que, quando o seu passado se torna maior que o seu presente e futuro, você envelhece. O que você acha disso?
- A sua lista de tarefas é tão grande e longa que você vive pensando no futuro, incapaz de apreciar o aqui e agora?

- Pense em uma pessoa alegre que você conhece e vive o presente. O que o impede de ser mais parecido com ela?
- Quão bem-sucedido você tem sido ao cultivar bons hábitos? Como você pode aplicar essas técnicas visando a cultivar um temperamento de alegria?

Capítulo Dois
O SEGREDO DE CONHECER A SI MESMO

Um autoconhecimento acurado, beneficiado objetivamente por valiosos conselhos de relacionamentos duradouros, é a estrada real para a eficiência pessoal. Como qualquer bom investimento, o autoconhecimento produz diversos benefícios. Demanda certo tempo. Assim, comece ainda hoje. Eis aqui como...

Crescer em autoconsciência
Você já acompanhou uma reunião de grupo de recuperação ou reabilitação de 12 passos?

Pode ser um ambiente espiritualmente eletrizante, porém, ao mesmo tempo, um tanto quanto enfadonho e inexpressivo. Nada muito cintilante, mas eles sabem como mover as grandes engrenagens da vida.

Um pequeno verso permeia todos esses grupos, a inigualável Oração da Serenidade, de Niebuhr: "Concedei-me, Senhor, a serenidade necessária para aceitar as coisas que não posso modificar, coragem para modificar aquelas que posso, e sabedoria para distinguir uma da outra."

Somos capazes de modificar muito mais coisas em nós do que cremos. Os especialistas dizem que a mente é muito mais elástica do que jamais supomos. Quase todos os nossos pensamentos, comportamentos e hábitos podem ser redirecionados e atualizados.

Contudo, a Bíblia também nos diz que não podemos nem mesmo mudar a cor de nossos cabelos. E ainda existem outras limitações em nossa transformação:

- Aumentar a nossa estatura após atingirmos a fase adulta.
- Mudar o nosso passado e a nossa história.
- Modificar a cor de nossos olhos ou a tendência a usar mais a mão direita ou a esquerda.
- Evitar a necessidade de óculos de leitura à medida que envelhecemos.
- Transformar nosso cabelo liso em crespo.

Tenho certeza de que você pensará em outras limitações se começar a refletir sobre isso.

Você também nasceu dotado de habilidades e talentos que o capacitam a fazer, com enorme facilidade, algo cuja execução deixa os outros loucos.

Sou especialmente bom em consertar dispositivos mecânicos (motores etc.) que não me são familiares, bem como em decifrar coisas – até mesmo línguas mortas. Por outro lado, porém, não possuo nenhum aplicativo de tempo em minha cabeça, e os calendários são um absoluto pesadelo para mim. Vivo sob constante temor de que estou perdendo algo importante ou falhando em manter uma promessa porque não sei o que vem a seguir sem me precaver.

Assim, o autoconhecimento é de grande valia para se viver conforme a Oração da Serenidade. Nossa tarefa é maximizar nossos talentos e minimizar os efeitos (em nós e nos outros) de nossos defeitos.

Certa vez, o meu mentor, pastor Maynard Nelson, confidenciou-me: "Todos nós temos as nossas próprias escadas para o inferno (a propensão natural ao lado decaído). O que precisamos é saber onde elas estão e aprender a ficar o mais longe delas possível."

No entanto, focar em pequenas falhas é um desperdício de tempo. Uma vez que você se protege dos efeitos de seus grandes defeitos, o melhor é concentrar-se em seus pontos fortes. Pois é lá, e não na superação dos defeitos triviais, que você encontrará o segredo sobre como pode contribuir com a criação.

Os gregos consideravam o "conhecer a si mesmo" uma das mais elevadas virtudes. Este livro é uma poderosa ferramenta para ajudar você a fazer exatamente isso.

Aplicação e discussão

- Em geral, achamos que nos conhecemos melhor do que na verdade nos conhecemos. O que nos impede de obter essa autoconsciência? O que podemos fazer para obter uma visão mais objetiva de nós mesmos?

- Quais são alguns de seus talentos naturais? O que você faz com facilidade?
- Quais são as suas escadas para o inferno? Os seus pontos fracos? As suas vulnerabilidades? Como você mantém distância deles?

Humilhe-se

Eu gostaria de colocar um aviso na estrada para a humildade, que gritasse: "Perigo à frente!"

O ensino equivocado sobre a humildade tem causado mais danos à autoestima de pessoas fracas, impedindo-as de serem fortalecidas e alegres, do que qualquer outra coisa que eu conheça.

Quando utilizada erroneamente, a humildade pode causar codependência e uma mentalidade subserviente, que nada mais faz do que alimentar a ambição de pessoas predadoras que sabem onde encontrar presas fáceis, que podem lançar mão de sua baixa autoestima em um piscar de olhos.

Outra prática onde o diabo adora distorcer o conceito de humildade é na vida de oração.

Igualmente, a falsa humildade é usada para inflar o ego em cenários religiosos. Orar em voz alta em locais públicos visando a uma "humildade mais pessoal" é uma forma de expressar o seu conceito e senso de superioridade sobre os demais. Em geral, constato isso em círculos atléticos cristãos.

Então o que é humildade genuína? Uma vez mais, olhemos o autorretrato de Deus, Jesus Cristo. Este homem nazareno podia ser tudo, menos tímido. Não obstante, ele conhecia o seu lugar. Subserviente diante de Deus, o Pai; totalmente um conosco, na carne, honrando a todos ao redor; ensinando-nos a "amar os outros como amamos a nós mesmos", bem como "a fazer aos outros o que queremos que eles façam conosco".

Humildade para você e para mim significa seguir o exemplo de Jesus, nos colocarmos debaixo de Deus e, da mesma forma, com todos os demais (mesmo inimigos). Não podemos dizer:

Ninguém é melhor ou mais importante que eu...

sem o devido corolário:

Não sou melhor ou mais valioso que ninguém.

Mas a nossa competitiva sociedade teima em nos classificar por notas, rede de contatos, popularidade, influência nas redes sociais etc. Desejar ser especial (mais valioso que os outros) é uma autogratificação. Sofremos uma espécie de lavagem cerebral que nos leva a valorizar a competição e ser constantemente aterrorizados pela suposição de perder pontos no grande placar da popularidade.

Aquele que crê na humildade bíblica rejeita esses joguinhos de classificação e repete as palavras de Thomas Jefferson, que brilhantemente escreveu: "Consideramos estas verdades evidentes por si mesmas, que todos os homens são criados iguais."

Isso, meu amigo, é verdadeira humildade.

Aplicação e discussão

- Você já lidou com problemas de autoestima? Qual a origem deles? A sociedade competitiva? O ensino falso sobre "humildade" que você abraçou? A sua baixa autoestima foi ainda mais prejudicada pelos hinos ou sermões da igreja?
- A competição pode ser divertida e producente. Concursos de calouros na televisão. Temporadas de *MasterChef*. Os Jogos Olímpicos. O mercado. Porém, quais são os perigos mortais de se relacionar e classificar a nossa autoestima em função de nossos resultados?
- Seja honesto. Quem você olha de cima a baixo? Que tipo de pessoa suscita em você um pensamento de orgulho ou ódio?
- Ore pelas próximas cinco pessoas estranhas que cruzarem o seu caminho. Peça ao Senhor que lhe mostre como você e cada pessoa são iguais aos olhos dele. O que o surpreende nesse exercício?

Suprima os seus pensamentos

Imagine-se dirigindo o seu carro em uma estrada, rumo ao trabalho. Placas e pontos de referência conhecidos zunem à sua passagem. A memória muscular em seus braços executa cada manobra e giro na direção com uma já gasta e automática familiaridade. O frio no estômago que acompanhou o seu despertar do sono ainda carregava a imóvel presença de fragmentos isolados e emocionais de seus sonhos, o enredo que desapareceu com o som de seu alarme.

Livre de enfrentar quaisquer desafios reais enquanto dirige, a sua mente começa a divagar. Como uma amostra de impulsos aleatórios, os pensamentos abrem caminho à sua tela principal. A trilha sonora emocional é uma mescla de sentimentos que você nem questiona – ela apenas enche de cores o "show" de pensamentos em série.

Muitos de nós jamais percebemos que temos acesso ao controle remoto desse projetor de imagens. Não precisamos ser vítimas passivas dessa seleção de cenas. Podemos pausar, deletar, pesquisar ou mesmo inverter o que é exibido nas telas de nossa consciência.

Aqueles cientes do controle remoto e que fazem uso dele possuem o que denominamos de uma mente disciplinada. Estes escolhem os seus pensamentos; não o contrário.

Em geral, o que diagnosticamos como TDAH (Transtorno do Déficit de Atenção com Hiperatividade) é, em muitos casos, apenas uma mente indisciplinada. Os que trabalham em casa, ou na rua, sem supervisão, podem desperdiçar um precioso tempo absortos nesse caleidoscópio aleatório de pensamentos. Eis por que muitos assistem à televisão, para interromper a incessante cascata de imagens e estabelecer alguma ordem enquanto o nosso projetor de imagens se conforma ao programa. Isso "desliga" a nossa mente de nossa desconcertante e desgastante existência.

A Bíblia nos instrui a levarmos "cativo todo pensamento" (2Co 10.5). Em outras palavras, a pensar intencionalmente e escolher o nosso cenário mental e, talvez, até mesmo a trilha sonora emocional. Os que aprenderam a fazer isso possuem um poder espiritual e social quase ilimitado. Eles sabem que os pensamentos criam palavras, e estas (especialmente aquelas proferidas em voz alta e com fé) podem criar novas realidades.

Neste sentido, nós, seres humanos, somos máquinas geradoras de realidade, feitas à imagem de Deus. O livro de Hebreus chama isso de produção que não é (ainda) pela fé.

Então, como nos livrarmos de pensamentos aleatórios e, em vez disso, pensarmos intencionalmente (e, portanto, poderosamente)? O que uso é esta simples frase:

Se pensamentos podem vir, pensamentos podem ir.

Em vez de tentar expulsar imagens indesejadas de minha mente, simplesmente não lhes dou atenção, deixando que desapareçam por si mesmas. De maneira voluntária, então, decido sobre o que irei pensar. E também tento não me frustrar comigo mesmo – às vezes tenho que "deixar ir e seguir em frente" repetidamente até que o pensamento intencional se estabeleça.

Como afirmou Martinho Lutero, cerca de quinhentos

anos atrás: você não pode impedir que um pássaro pouse em sua cabeça, mas pode impedir que ele faça ninho nela.

Isso possui óbvias aplicações à oração. Quer seja a oração mais do tipo *pensamento e conversação* (que Paulo chamou de orar com a mente), quer seja mais semelhante a uma *comunhão espiritual* (que ele chamou de orar com o espírito), ela sempre será beneficiada por uma mente sóbria e disciplinada.

Comece a praticar o domínio sobre os seus pensamentos hoje mesmo. Deixe que os pensamentos aleatórios passem por você e substitua-os por aqueles que você escolha... com propósito.

Aplicação e discussão

- Por que você acha que ninguém nunca nos ensinou como manter a intencionalidade de nossos pensamentos enquanto oramos?
- Muitas pessoas desistem da oração porque não conseguem impedir que sua mente divague. Isso acontece com você?
- Você acha possível passar um dia inteiro sem, conscientemente, escolher os seus pensamentos? Você já se deitou à noite e pensou: "Para onde esse dia foi?"
- Pratique deixar os pensamentos indesejados irem embora. Permita que desapareçam aos poucos. Uma mente focada é uma poderosa ferramenta. A que horas do dia seria melhor para você praticar essa habilidade?

Entenda as suas emoções

Muito do mesmo pode ser dito sobre pensamentos e emoções.

Convido-o a vir comigo a um jardim de vegetais. Na adolescência, eu era responsável pelo jardim de minha família, e lá passei muitas horas felizes, tanto na primavera, quanto no verão ou outono. Os rabanetes eram os primeiros a surgir à superfície. Um deles sempre tinha algum tipo de inseto ou verme consumindo-o, uma memória muito viva para mim.

Ao término do verão, as espigas no milharal, àquela época muito mais alto que eu, amadureciam e imploravam para ser colhidas. Uma pequena semente produziria aquela majestosa planta cheia de espigas que, em breve, seriam cozidas e consumidas com manteiga e sal.

A chave da jardinagem é intencionalidade, plantio e cultivo. O mesmo é verdadeiro com respeito às suas emoções. Um coração indisciplinado refletirá, tal como um camaleão, os sentimentos das pessoas ao redor.

A Bíblia afirma que colhemos o que plantamos. Assim, para mim, a chave é plantar sementes de:

- Alegria
- Paz e tranquilidade
- Contentamento
- Paciência
- Benevolência
- Vigilância

Você pode escolher a sua própria lista de sentimentos que almeja cultivar.

É importante escrever como quero me sentir ao final do dia, e não apenas o que desejo fazer. Se não planto um jardim com intenção, tudo o que conseguirei é um pedaço de terra repleto de ervas daninhas.

Com frequência, é assim que a nossa matriz emocional se mostra: grandes arbustos espinhosos com dentes-de-leão e ervas daninhas. Bem, nós colhemos o que plantamos.

Ao término do dia, desejo sentir alegria, paz e um sentimento de seguir adiante. Então estabeleço minhas intenções de manhã e tento chegar lá ao longo do dia.

O dia sempre transcorre de forma perfeita? Claro que não. Porém, quando assim procedo, isso se mostra muito melhor do que quando não ajo intencionalmente.

Emocionalmente falando, o ano de 2013 foi muito duro para mim. Fui atingido por um golpe após o outro, que vieram como ondas arrebentando na praia, daquelas que surgem do nada e lançam você de volta ao fundo a cada vez que você tenta ficar de pé de novo.

Então veio o ano de 2014, e eu poderia apenas ter seguido naquele padrão. Uns poucos infortúnios se acumularam, mas decidi que iria ser otimista com relação àquele ano. E decidi ter um bom ano, a cada novo amanhecer, independentemente das circunstâncias.

Isso sempre deu certo? É claro que não. Às vezes eu ia dormir frustrado e alienado ao fim de mais um dia.

O meu estado emocional era muitas vezes melhor que

aquele de 2013, ainda que as circunstâncias não fossem tão diferentes assim, a princípio? Com toda certeza.

Eu havia aprendido a habilidade da intencionalidade emocional.

No entanto, a jardinagem não quer apenas que as sementes sejam semeadas, ela também exige cultivo. Quanto mais atenção dedicarmos ao nosso jardim, mais ele florescerá.

Remover as emoções reativas e negativas é uma das habilidades que devemos desenvolver para "jardinar" as nossas emoções.

Isso permite que haja mais luz solar sobre os nossos estados positivos de ser, adequadamente descritos como o fruto do Espírito, em Gálatas 5.22-23: "amor, alegria, paz, paciência, amabilidade, bondade, fidelidade, mansidão e domínio próprio."

Juntamente com a remoção das emoções negativas, devemos nos autorrecompensar por cultivar bons pensamentos. A Bíblia nos instrui a privilegiarmos tudo o que for belo e verdadeiro. Enalteça a si mesmo quando reagir a alguém ou a algo com paz e profunda alegria.

Plantio e cultivo. Seja intencional e permita que o seu jardim emocional floresça... com alegria.

Aplicação e discussão

- O que você acha dessa afirmação: "É melhor escolher as suas emoções do que permitir que elas escolham a si mesmas"?
- Podemos ser considerados insensíveis caso não concordemos com a negatividade de alguém que enfrenta uma situação difícil? Qual a maneira sábia de

lidar com isso?
- Por que é importante almejar a alegria verdadeira (não apenas superficial e efêmera)? Quais são outros alvos emocionais positivos? Elabore uma lista.
- O que acontece quando regamos as ervas daninhas em um jardim real? O que ocorre quando permitimos pensamentos negativos em nosso jardim emocional?

Dê ouvidos ao seu corpo

Durante a leitura deste livro, preste atenção ao que o seu corpo está dizendo. Como se sente com o que acabou de ler? O seu coração está tranquilo ou agitado? Há alguma fome ou sede escondida tentando vir à tona?

A verdade é que a sua consciência e entendimento não são exclusivos de seu cérebro. Sentimos e experimentamos a vida com todo o nosso ser, inclusive com o nosso corpo.

Os autores bíblicos possuem uma visão de mundo vitalizada. Os escritores gregos do Novo Testamento viam *zoë*, ou *força vital*, como uma qualidade intangível, porém reconhecível. É fácil para uma criança de dez anos reconhecer quando algo está morto e carente de vida. Esse *élan vital*, como dizem os franceses, leva os cientistas empíricos à loucura, porque eles não podem mensurá-lo ou quantificá-lo. Embora, com frequência, tentem negar a sua existência, eu, você e quase todo mundo intuímos que *zoë* está lá. Nós funcionamos de acordo com isso. Até mesmo chamamos o estudo dos animais de *zoologia* e levamos os nossos filhos ao *zoológico*. Tais palavras são oriundas desse conceito bíblico.

Paulo afirma que o mesmo poder que ressuscitou Jesus dentre os mortos está presente em todos nós.

Sentir-se vivo não está apenas relacionado a um interruptor de *liga e desliga*. Como uma boa lâmpada, a luminosidade pode ser aumentada. Você não gostaria de aumentar as horas do dia em que se sente plenamente vivo? Esse aumento não teria uma enorme influência em sua saúde física e em seus relacionamentos?

Zoë não ocorre apenas em nossa mente, mas habita cada célula viva de nosso corpo. Essa qualidade exala preciosidade e valor, e percebemos em nosso âmago quando sentimos certas coisas. Podemos expressar se nosso coração está tranquilo ou agitado com a vida, e talvez sejamos capazes até mesmo de sentir *zoë* na ponta de nossos dedos quando percebemos a presença do Espírito Santo.

A respiração alimenta essa força de vida, e a Bíblia nos diz como Deus soprou na matéria inerte esse fôlego da vida para criar os seres vivos. Tanto no hebraico quanto no grego, as principais línguas do texto bíblico, os escritores antigos utilizaram a mesma palavra, não rótulos separados, para *espírito* e *respiração*. Para eles, ambos são mais ou menos a mesma coisa.

O pensamento moderno tem barateado essa rica (e mais precisa) visão de vida. Hoje em dia, nos ensinam que cem por cento das ações acontecem no cérebro – que é, na realidade, como um computador extremamente complexo – e que nosso corpo nada mais é do que máquinas que obedecem aos comandos enviados pelo cérebro.

Como é triste constatar esse nivelamento por baixo e essa desnaturalização da glória e consciência da existência humana.

A visão bíblica quanto à humanidade é imensamente mais sofisticada, detalhada e explicativa que a visão mecânica atual. Por exemplo, o seu coração é muito mais do que uma simples bomba. Ele é o âmago de sua existência.

O que verificamos como sinais vitais quando alguém sofre um mal súbito e desfalece? A respiração e o batimento cardíaco. Sinais de *zoë*.

Cultive essa vida em você e ajude outros a intensificar o brilho próprio. Vemos pessoas ao nosso redor cuja luz interior se assemelha mais a uma vela tremulando ao vento, prestes a se apagar. Firme a chama delas com encorajamento e oração.

Queime. Brilhe. Queime com vida.

Aplicação e discussão

- Quando fica doente, você naturalmente enxerga o seu corpo como uma simples máquina que necessita de substâncias químicas (remédios) para melhorar ou o vê como algo mais que isso?
- Por que você acha que alguns cientistas céticos desconsideram a ideia de alma, espírito ou *zoë* quando, durante milênios, tem sido tão óbvio para muitos que somos mais do que uma simples máquina?
- Em uma escala de um a dez, o quanto a sua chama de

vida está brilhando hoje? Como pode intensificá-la durante esta semana?
- O encorajamento recebido de outros já intensificou a sua chama? Lembre-se disso ao encorajar alguém.

Maximize as suas forças
Potencialize os seus pontos fortes.

Em geral, nossa visão emocional enxerga muito mais os nossos defeitos que as nossas habilidades.

A beleza tem sido definida como a maior ação já realizada com grande facilidade. Eis por que necessitamos que os outros percebam, identifiquem e nos informem sobre as nossas potencialidades. A nossa tendência é vê-las como naturais e, de alguma forma, comum a todos.

Nossas áreas talentosas tendem a permanecer em nossos pontos cegos. Em geral, outros conseguem vê-las, mas nós, não.

Pelo contrário, dolorosa e facilmente, nos damos conta de nossas falhas e defeitos. Neles permanecemos, desperdiçando preciosa energia emocional, que deveria ser consumida para movimentar as grandes engrenagens de nossas habilidades e pontos fortes.

Tente relembrar a mais recente avaliação pela qual você passou em seu emprego. Inspirando longamente antes de entrar na sala de seu chefe, você tentou se acalmar e evitou olhar para o item "áreas de crescimento" em sua avaliação – ainda que seu chefe estivesse tentando olhar em seus olhos e agradecer-lhe pelas sólidas conquistas alcançadas durante o ano.

A frase "precisa se esforçar mais" fez soar o alarme em seu sistema nervoso e você começou a se sentir vulnerável e inseguro.

Você caminhou de volta à sua mesa, convencido de que o seu chefe já havia tomado a decisão de despedi-lo. Reflexos causados pela descarga de adrenalina em seu corpo talvez já tivessem se manifestado. No dia seguinte, um pouco mais calmo, você percebeu que a sua avaliação foi 80% positiva.

Assim, quanto mais você vive em uma verdadeira comunidade, mais os seus dons e talentos serão percebidos pelas demais pessoas. Você começa a ver um padrão nos comentários que fazem a seu respeito, ajustando a sua vocação e sua vida em torno dessas coisas.

Quanto mais isolado você viver, mais desestimulado socialmente se sentirá, fixando-se cada vez mais em seus defeitos. Eis uma das razões pelas quais os solitários vivenciam uma profunda depressão.

A fim de potencializar os seus pontos fortes, o melhor é investir em relacionamentos duráveis e inegociáveis. Estas são pessoas colocadas na sua vida para extrair o melhor de você enquanto andar neste planeta.

E você irá abençoá-las ao reconhecer e declarar os dons e talentos delas. Que relação!

Aplicação e discussão
- Você cresceu ouvindo que reconhecer os seus próprios dons era presunção? Como você pode crescer

- no reconhecimento de seus talentos sem que os demais se sintam diminuídos?
- Você tem vergonha de usar roupas de banho na praia? Isso está relacionado ao controle que nossos defeitos exercem em nosso comportamento? Por que uma única espinha em nosso rosto recebe toda a nossa atenção? A mídia reforça a nossa tendência de dar excessiva importância às nossas falhas e tentar escondê-las?
- O que aconteceria à direção de sua vida se você orasse diariamente e em voz alta: "Senhor, mostre-me os meus dons e talentos e me ajude a utilizá-los hoje para a sua glória"?
- Imagine um dia em que você coloque mais energia emocional em seus pontos fortes do que em seus defeitos e falhas. Agora, imagine uma semana inteira fazendo isso. Um mês. Um ano. Bem, creio que você captou a ideia...
- Como você pode se preparar para a próxima avaliação com seu chefe sem focar excessivamente no negativo?

Seja ousado

Deixei meu computador no carro e saí para alimentar as gaivotas com um pacote de biscoitos que havia me esquecido de comer.

Foi fascinante observar. Havia gaivotas rápidas e outras agressivas. A seguir, surgiram as hesitantes e alguns pássaros desprovidos de atenção.

Toda vez que eu jogava um biscoito na areia molhada, imediatamente à frente de uma onda que logo a cobria, as aves mais ligeiras mergulhavam e saíam com o petisco. A seguir, vinham as aves agressivas que, logo ao pousar, passavam a bicar umas às outras (dando mais importância à briga em si do que tentando pegar o biscoito). As hesitantes observavam à distância, desejando ter coragem para tomar parte na disputa. E as demais permaneciam sonolentas ou distraídas.

Obviamente as aves mais ousadas e rápidas foram as vencedoras, que já voavam longe com o biscoito no bico, segundos antes de as aves agressivas iniciarem a sua barulhenta batalha de bicos. Esses lutadores de penas prosseguiram em combate mesmo depois que todos os biscoitos já tinham sido consumidos. Os pássaros mais medrosos, por sua vez, deviam estar arrependidos por nem tentarem dar uma beliscadinha, enquanto os distraídos nem se deram conta do que havia acontecido.

Jesus foi uma dessas aves rápidas. Ele realizou mais em três anos (em termos de seu impacto no mundo) do que qualquer outro homem conseguiu realizar durante uma vida inteira. Com certeza, o risco foi muito maior. Ele acabou crucificado no final, porém surgia e desaparecia como a luz do dia, em seu caminho à próxima cidade, antes que os pássaros agressivos (fariseus e escribas) pudessem lhe infligir algum dano.

Na Bíblia, há um formidável relato de Jesus entrando em uma sinagoga e dizendo coisas ultrajantes para os religiosos da época. Enfurecidas, as pessoas que lá estavam o expulsaram da cidade e o levaram ao topo de uma colina para atirá-lo do alto (eu fui a esse lugar, quando estive em Nazaré, e, acredite, não é para os de coração fraco ou que sofrem de acrofobia). Jesus retirou-se, passando entre eles como sabão molhado, indo para seu próximo compromisso antes de os seus opositores entenderem o que havia acontecido.

Os romanos tinham um ditado: "A sorte favorece os bravos." Não havia paralisia no pensamento de Jesus, pois ele era um homem de ação decisiva. Estabelecendo a sua própria agenda, ele entrou por toda porta que o Pai, de antemão, lhe deixou entreaberta.

Isso demandou uma aguçada percepção de sua parte, afiada por horas de oração, como era seu costume diário, conectando-se ao que o Pai estava realizando em sua criação naquele dia. Nem de longe lembrava as aves sonolentas.

A Bíblia nos encoraja a fazer o mesmo, a nos aproximarmos "do trono da graça com toda a confiança" e recebermos aquilo que necessitamos naquele momento (Hb 4.16). A mulher com fluxo hemorrágico foi ousada e decisiva: "Se eu tão somente tocar em seu manto, ficarei curada" (Mt 9.21). Sem aquelas intermináveis orações de "mendicância", ela atravessou a multidão e conseguiu fazer o que queria. Sequer perguntou antes. Simplesmente alcançou a sua cura.

Hoje mesmo, o Senhor está abrindo todos os tipos de portas para você. Que tipo de gaivota você será? Rápida, encrenqueira, tímida ou sem noção?

Você já tem tudo do que necessita. A Bíblia diz que você possui a mente de Cristo, e que o Espírito Santo irá ensinar-lhe todas as coisas. Ainda, afirma que você não precisa se preocupar com o que irá dizer, mas que Deus irá lhe conceder as palavras. Deus olha para todos os cantos do planeta, procurando por aves ligeiras, ansiosas por grandes oportunidades.

Por que não ser uma dessas pessoas?

Carpe diem. Aproveite ao máximo o seu dia. É o jeito de ser de Jesus.

Aplicação e discussão

- Meu avô deu-me um grande conselho: "Ao entrar em um lugar, aja como se pertencesse a ele." Como podemos melhorar nisso?
- Ao fazer uma sugestão em uma reunião, você receia que as pessoas não a valorizem ou presume que elas o farão? Você espera que as pessoas deem risadas de suas piadas?
- A ação decisiva corre riscos. A verdade é que se você estudar a vida de todas as pessoas bem-sucedidas que conhece, constatará que o fracasso é o menor de seus temores. Tais pessoas enxergam o fracasso como uma chance de aprendizado e crescimento. Em sua opinião, o que mais detém a ação das pessoas: fatores externos, o acaso ou o receio dos riscos envolvidos?
- Certa vez, em uma palestra, ouvi de Rick Warren:

"Se você for fracassar, fracasse logo!" À medida que envelhece, você é mais ou menos vítima da "paralisia por excesso de reflexão"? Por quê?
- Os outros o veem como uma das aves ligeiras? Como você pode começar a mudar essa opinião, se necessário?

Capítulo Três
O SEGREDO DO AMOR

Hoje em dia, a palavra *amor* possui múltiplos usos, cobrindo uma vasta área em nossa alma. Fazemos uso dela para fins específicos, como descrever a essência do romance ou do casamento. No entanto, ela não se restringe como referência apenas às nossas conexões com outros seres humanos. É possível amar o pôr do sol, bem como amar hambúrgueres. Por acaso, eu aprecio ambos!

Amor pode referir-se a profundos sentimentos de lealdade emocional com relação à nossa terra natal ou reverência à beleza da natureza. Ambos, em geral, trazem lágrimas aos meus olhos, e talvez aos seus também.

Porém, nas páginas seguintes, iremos excluir outras aplicações dessa palavra e focarmos apenas no amor entre você e outros seres – humanos e seu Criador:

- Namoro e casamento
- Relacionamentos familiares
- Amizades
- Colegas

Como vai essa área em sua vida? Você gostaria de ter mais dessa coisa chamada amor relacional? Ou isso tem escapado do seu controle em grande parte de sua vida?

Experimente amor, dê amor

Imagine-se como uma grande taça deixada ao tempo durante uma tempestade de verão. As gotas contínuas estão molhando tudo e, claro, enchendo a taça que, em determinado ponto, fica cheia e passa a derramar a água, encharcando ainda mais a já úmida madeira da mesa de piquenique.

Esta é uma perfeita ilustração sobre como funciona o amor.

A tempestade de verão representa o amor. Você, claro, é a taça. Quanto maior a capacidade da taça, mais amor você poderá armazenar.

Talvez você já tenha ouvido a história bíblica sobre a viúva e o milagre das vasilhas de azeite. Uma grande maravilha ocorreu, e o azeite começou a encher as vasilhas. Ela correu pela vizinhança para pegar mais vasilhas, que também começaram a se encher de azeite. Por fim, ela não encontrou mais recipientes, e o azeite parou de fluir.

Deus jamais fica sem azeite (ou da afetuosa água do amor). Nós é que perdemos a capacidade de armazenamento. No Salmo 23, o rei Davi escreveu: "... fazendo transbordar o meu cálice" (v. 5).

Não precisamos implorar ao Criador para que nos envie amor. Sua capacidade não conhece limites, e há mais do que o suficiente para cada um de nós. Simplesmente Deus esquadrinha a terra procurando por pessoas com a vontade e a capacidade de receber.

O amor de Deus vem livremente do alto para nós. Nada fazemos para merecê-lo, mas, em geral, falta-nos a intenção de nos enchermos dele até a nossa total capacidade. Sentamo-nos à mesa com um pequeno recipiente e nos perguntamos por que estamos tão sedentos da água viva.

E por que desejamos mais? Por causa de alguma estranha ganância ou glutonaria espiritual? Certamente não. Acontece que temos capacidade de armazenar muito mais desse amor divino, entretanto recebemos apenas para respingá-lo sobre os outros.

Não agradamos a Deus evitando erros e pecados menores tanto quanto o agradamos com nossa disposição de receber, em benefício dos outros. Receber não somente amor, mas abundância, recursos, sabedoria, riqueza, cura e tudo o mais do que o nosso mundo desesperadamente carece. E o efeito colateral de receber tanto é que transbordamos e ficamos menos propensos a cometer pecados e erros!

Veja, Deus vive para dar. Ele é o Senhor e doador da vida. E, quando pedimos mais do que necessitamos (abundância), possuímos mais para compartilhar.

Você luta com o sentimento de que Deus está distante? De que ele fala com todo mundo, exceto com você? Deseja descobrir um segredo sobre como encurtar essa distância? Simples: receba em abundância de modo a se tornar um jubiloso doador de vida e amor aos demais. Adivinhe o que acontecerá? Você estará totalmente alinhado com o vetor doador de Deus. E, quando você estiver alinhado com o Senhor, se sentirá próximo a ele e desfrutará de uma profunda parceria com a vida e com o amor que ele continuamente envia à sua criação.

Desejamos receber mais amor de Deus, não para o acumularmos, mas para que esse amor flua através de nós, tornando-se parte da tempestade divina que alimenta e cuida da criação.

Assim, cultive um tempo diário em que você possa ser transbordado pela presença do Senhor. A princípio, isso pode parecer egoísta, embaraçoso e indulgente. No entanto, lembre-se da instrução encontrada nos aviões: "Primeiro, coloque a máscara de oxigênio em você para depois ajudar os demais."

Observe a linguagem de seu corpo enquanto você pratica esta oração de recebimento. Mãos abertas, rosto voltado levemente para cima, coração aberto, ombros para trás. E a oração pode ser simples assim: "Mais, Senhor. Mais de ti. Aumente a minha capacidade de receber de ti." Respire fundo. Você é muito maior em seu interior do que no exterior, e o Senhor tem mais amor por você do que você jamais esperou receber. Em Efésios 3, o apóstolo Paulo descreve a imensidão desse amor. Descrevendo para nós as suas sessões de abundância, ele nos conta que o amor de Deus é tão amplo, profundo e abrangente que jamais seremos capazes de experimentá-lo em sua totalidade.

Fomos colocados aqui para cuidar da criação de Deus, que a tornou real, em especial este magnífico e pujante planeta, para cuidar de nós.

Assim, amar os outros é apenas permitir que o amor de Deus, os dons e recursos que se originam nele cheguem a eles através de nós. E a maior alegria? Quando você ensina os outros a terem os seus próprios relacionamentos doadores de vida diretamente com Deus e eles, como você, se tornam retransmissores dos inesgotáveis recursos de Deus.

Aplicação e discussão

- O que você acha desta frase: "Eu não preciso de muito para sobreviver"?
- O que o impede de transbordar na presença de Deus?
- De que maneiras específicas nós recebemos mais da criação de Deus quando investimos mais no cuidado aos outros? O cuidado está sendo bidirecional (entre você e a criação) ou está desequilibrado? Que medidas você pode adotar para estabelecer o equilíbrio?

Vá até o fim

Cresci em uma família maravilhosa, mas agora estamos espalhados por três dos quatro fusos horários americanos. Mudamos inúmeras vezes durante a minha infância e, assim, aprendi a desapegar-me e a fazer novas amizades com facilidade. Sou como uma criança cujo pai é militar; uma hora de conversa comigo e você já me considerará seu amigo.

Meus dois irmãos, que estão entre as minhas pessoas favoritas nesta vida, e eu estudamos em diferentes lugares, conhecemos e casamos com mulheres de dois estados diferentes, bem como de um país estrangeiro, e vivemos em pontos de um triângulo cujos lados possuem de seis a oito mil quilômetros. Em minha profissão, fui treinado a permanecer por cinco anos em cada emprego e, depois, seguir em frente, de preferência rumo a uma promoção.

Minha vida tem sido verdadeiramente jubilosa, e sou grato pela sabedoria que advém da experiência de viver em diferentes lugares e de estabelecer bons relacionamentos com vários tipos distintos de pessoas. Porém há uma desvantagem. A maioria de meus relacionamentos tem sido funcionalmente descartável. Eu jamais compartilhei longas distâncias com alguém, exceto com minha esposa e meu filho. Com certeza, ainda era cordial com os conhecidos de etapas anteriores da vida, mas não estávamos mais "caminhando juntos". Apenas trocávamos cartões de Natal e, nos anos mais recentes, mensagens pelo Facebook.

Ao ingressar nos quarenta anos, me senti profundamente insatisfeito com isso. Então, minha esposa e eu nos tornamos intencionais na "manutenção permanente" de nossas amizades com três outros casais de nosso grupo de oração e estudo bíblico. Minha esposa está investindo em suas amigas, e eu estou passando mais tempo com meus amigos de surfe.

Ao mesmo tempo que estou escrevendo isso, estamos planejando o funeral da mãe do Lou, de nosso grupo de casais, e acabo de receber uma mensagem do Bruce para irmos surfar amanhã bem cedo. Temos mantido a amizade com esse grupo de pessoas por doze anos e pretendemos firmemente, enquanto depender de nós, ir até o fim da jornada com todos eles.

Como você pode ver, o relacionamento entre nós se tornou mais importante do que quaisquer problemas que tivermos. Mais importante do que novos empregos ou promoções, pois não nos impediriam de passar a vida juntos.

Somos membros de uma pequena, simples, porém maravilhosa igreja. Esta é a nona igreja que Wendy e eu frequentamos desde que nos casamos, 32 anos atrás. Contudo, estamos há mais de doze anos com essa comunidade, e não há nada que possa acontecer nessa igreja que nos leve a "procurar outra igreja onde sejamos mais bem alimentados". Com frequência, as pessoas rompem a comunhão com suas igrejas e buscam outro lugar. Por quê? Seus problemas são maiores que os seus relacionamentos.

E se mudássemos nossas prioridades? O que aconteceria com os nossos casamentos, sociedades nos negócios, relações com clientes, bem como com os antigos e divertidos relacionamentos, se colocássemos as pessoas à frente de nossos problemas pessoais com elas?

Veja, somos seres eternos e, se não soubermos como tratar as pessoas importantes em nossa vida, considerando-as como indispensáveis durante essas transitórias décadas, como podemos esperar por relacionamentos eternos no céu?

Se você caminhar longas distâncias com as pessoas, o seu amor por elas crescerá, porque você deixará de tentar descobrir defeitos nelas (uma forma subconsciente de assegurar uma justificativa para quando quisermos nos livrar delas). Não mais evitaremos os conflitos porque sabemos que teremos de lidar com nossos amigos e familiares em algum momento. Simplesmente não podemos fugir.

Deus nos promete: "Nunca o deixarei, nunca o abandonarei" (Hb 13.5). Quando, como ele, nos alinhamos com os outros, é que começamos a nos expor à luz do amor de Deus, obtendo um vislumbre de como o Senhor se sente a nosso respeito.

Nossa lealdade não precisa ser direcionada a todos. Mesmo Jesus concentrou-se mais profundamente em Pedro, Tiago e João e, em menor medida, nos demais dos doze e às mulheres-chave de seu ministério.

Certa vez, quando eu ainda estava na faculdade, meu avô me disse: "Se você tiver seis homens para carregar o seu caixão até aquele buraco no chão, homens que realmente se importam com você e sabem o que acontece em sua vida, nenhum outro sucesso será comparável a isso. A maioria de nós pode se considerar afortunada caso tiver dois ou três desses amigos."

Quem lhe dá apoio incondicional? Possuir amigos assim irá lhe custar uma vida inteira de lealdade, mas isso valerá muito a pena. Como diz o texto bíblico, o amor tudo sofre, tudo crê, tudo espera, tudo suporta. A vida é dura. Quem são seus fiéis escudeiros e escudeiras?

Aplicação e discussão

- Cite três pessoas que você considera como companheiros de jornada em sua vida. Elas sabem como se sente a respeito delas? Que conversas precisam acontecer para que saibam de seu comprometimento com elas?
- Quando mais jovem, você era mais comprometido com seus amigos de então, ou a sua lealdade está se fortalecendo agora? O que você pode fazer nesta semana para manter as coisas rumo a uma boa direção?
- O que você acha da pergunta: "Os seus relacionamentos são maiores do que os seus problemas?"

Seja presente

Quando eu estava escrevendo (o que adoro fazer em lugares externos) o segmento anterior deste livro, cerca de cinco minutos atrás, uma garota alta, tipicamente californiana, veio em direção ao ônibus, ao meu *motorhome*, devorando os metros da ciclovia ao longo da praia, em cima de seus patins. Minha sogra europeia chama tais garotas de "belezas americanas alimentadas a milho". Porém faltava nela aquele sorriso solar típico, próprio de quem vive sob um clima maravilhoso, cercado de pessoas extrovertidas e cheias de vida.

Sua voz era trêmula, e ouvi certo desespero em seu tom, quando me perguntou:

– Odeio incomodá-lo, mas você tem uma chave Allen?

Da minha cadeira de praia, posicionada fora do *motorhome*, respondi, levantando meus olhos do computador:
– Claro.

Eu havia acabado de desfrutar de um tempo maravilhoso de oração naquela tarde e estava me sentindo muito "próximo", ou seja, produtivo, relaxado, apesar dos inúmeros prazos e promessas que devia cumprir.

Mas voltemos ao relato em questão. Claro que eu tenho um conjunto de chave Allen. Aliás, dois tipos, ambos com todos os diferentes tamanhos, alinhados em perfeita e crescente ordem. Sou um aficionado por ferramentas, desde criança. O bem mais precioso que tentaria salvar caso minha casa pegasse fogo seria um par de alicates com manoplas azul-claras que eu tenho desde que cursava o ensino médio. A garota me mostrou a roda que estava solta, e notei que a perna esquerda dela ainda estava trêmula pelo esforço em manter o equilíbrio sobre aquele patim instável, talvez por quilômetros. Tentei apertar a roda, mas não houve jeito. A rosca parecia danificada.

Então pedi a ela que aguardasse um pouco fora do *motorhome* enquanto eu tentaria, com um pouco mais de tempo, consertar o patim. A seguir, removi o eixo e o reinstalei corretamente alinhado, apertando novamente a roda com sucesso. Percebi a qualidade da manufatura daqueles dispendiosos patins, concluindo que provavelmente ela piorou o defeito ao tentar apertar o parafuso sem alinhá-lo com o eixo antes.

Deixei claro à garota que dispunha de tempo suficiente para consertar o patim de maneira correta. Ela mostrou-se profundamente agradecida, testando os patins antes de subir neles novamente e desaparecer na distância, dizendo:

– Você me poupou de uma caminhada de cinco quilômetros descalça.

A Califórnia segue um ritmo frenético, ocupado e agitado. As pessoas podem contar com auxílio nos momentos em que outros deixam suas próprias atividades para socorrê-las em suas necessidades, nada pedindo em troca.

Minha calma e tranquilidade mudaram o próprio tom de sua voz enquanto explicava o que estava fazendo com o eixo e a roda. Ao vê-la partir, despedindo-se com um amigável aceno de mão em cima dos patins que agora rodavam suavemente, lembrei-a de "desfrutar o entardecer que ocorreria cerca de vinte minutos mais tarde e de manter-se agasalhada, pois a temperatura iria cair naquela noite". Provavelmente a garota nem ouviu o que eu disse, uma vez que ela estava usando fones de ouvido...

Eu dispunha de tempo para ajudá-la? Claro que não. Ainda estava correndo atrás dos prazos. Mas colocar pessoas à frente de tarefas é uma tremenda regra de vida. Eu poderia muito bem ter mentido, afinal, ninguém espera que você tenha uma chave Allen quando está digitando em um laptop, sentado ao lado de uma ciclovia.

Concedi àquela garota tempo e auxílio, sinais do amor de Deus. E sabe de uma coisa? Senti-me mais pleno do amor de Deus após ajudá-la do que antes de ela aparecer com seu problema.

De fato, estou certo de que o Senhor a induziu, soubesse ela disso ou não, a me procurar, sabendo que eu era provavelmente o único nas imediações a possuir as ferramentas corretas.

O amor não é um jogo cuja contagem final pode dar zero. Quanto mais o oferece, mais esse desprendimento cresce dentro de você de modo a dar ainda mais na próxima oportunidade. Você nunca fica sem amor por dá-lo aos outros.

E a chave para se fazer presente junto às pessoas é desacelerar, estar intencionalmente disposto a interagir com elas, não tentar controlar o resultado (esse é um equilíbrio traiçoeiro) e lembrar-se de que Deus valoriza igualmente a ambos.

Outra coisa que me ajuda? Evito me preocupar com o que os outros pensam de mim ao interagir com eles. Não temos acesso ao pensamento das pessoas, muito menos controle sobre o que pensam de nós. E isso é pura distração. Já é suficientemente difícil prestar atenção aos seus próprios pensamentos e observar as ações e palavras dos outros. Preocupar-se com as opiniões alheias a seu respeito é, no mínimo, inútil e, no máximo, um autoengano. Apenas seja você mesmo. Isso será positivo o suficiente.

Aplicação e discussão

- De que maneira as interrupções o incomodam? O que mudaria se você começasse a vê-las como oportunidades?

- Se você se sente desconfortável quando fica a sós com outras pessoas, o que supõe ser a causa desse sentimento? Que tipo de coisas você faz para se sentir mais confortável em tais situações?
- Você é capaz de ter uma conversa a sós com outra pessoa, olhá-la nos olhos e não sentir a pressão de dizer algo para "quebrar o silêncio"? Tente praticar isso durante esta semana.
- De que maneiras a sua orientação para as tarefas atrapalha a orientação às pessoas?
- Conte uma história sobre como um encontro casual mudou a sua vida. O que teria acontecido caso tivesse ignorado a interrupção?

Ouça melhor, comunique-se melhor
O Dr. Randy Jacobs, após me examinar por causa de uma possível exaustão ou pneumonia, sentou-se em uma das cadeiras com rodinhas de seu consultório, na pequena cidade de Port Townsend, em Washington.

À época, eu era um jovem pastor, com apenas dois anos de ministério, casado e com um filho pequeno. Assim, estava testando a mim mesmo e meu corpo, normalmente forte, mas que apresentava sinais de fraqueza.

Percebendo a causa do problema, Randy sentou-se e olhou diretamente em meus olhos. Sua linguagem corporal era muito clara. Apesar da lotada sala de espera, ele parecia ter todo o tempo do mundo.

– Então, me conte. O que está realmente acontecendo?

O instante seguinte ficou congelado em minha mente. O tempo parou, e eu disse a mim mesmo: "Ele realmente quer me ouvir." Não consegui me lembrar da última vez que alguém havia feito aquilo. Assim, pela quase meia-hora seguinte, contei-lhe toda a história. Ele não disse uma única palavra durante o meu relato. Tampouco qualquer *interjeição*. Absolutamente nada. Porém seus olhos diziam: "Continue. Estou ouvindo."

– Você precisa de descanso. – A seguir, anotou em seu bloco de receitas: "Uma semana na pousada em Lake Quinault. Por minha conta."

Ele me instruiu a pegar a minha família e ir direto para a longa jornada na estrada. Além disso, certificou-se de que meus deveres profissionais fossem cobertos por pessoas de minha área que ele conhecia bem. Assim, em menos de uma hora, eu estava a caminho de Lake Quinault com a minha jovem família.

Se isso acontece algumas vezes em sua vida, você está na média. A verdade é que não ouvimos nem somos ouvidos com frequência. Nós falamos uns com os outros. Em nossa mente, formulamos respostas antes mesmo de a outra pessoa terminar a frase. Contamos longas e tediosas histórias sem sequer verificar se alguém está nos ouvindo. Algumas pessoas se apaixonam pelo som de suas próprias vozes. Porém o fato triste é que aqueles ao nosso redor têm falado mais do que nós temos ouvido.

E quando realmente precisamos de um bom par de ouvidos, raramente o encontramos.

O maior elogio que já recebi foi quando alguém me perguntou o que eu pensava e prestou atenção à minha resposta.
— Henry David Thoreau[1]

O amor é intensificado pelo ouvir. Ouvir estreita os laços entre as pessoas e permite que o amor flua mais livremente entre elas.

Bons ouvintes param o que estão fazendo e mostram claramente que estão atentos a quem fala. No meu caso, um médico extremamente ocupado sentou-se e olhou para mim. Se passarmos pela vida sem respeitar algumas pausas, jamais cultivaremos o elemento aglutinador do amor – o ouvir.

Bons ouvintes abrem mão do controle da conversa e param de tentar adivinhar onde o assunto irá terminar. O Dr. Jacobs estava obviamente surpreso pelo fato de um homem jovem e forte apresentar-se tão doente. Sendo um dos homens mais inteligentes da cidade, ele poderia ser tentado a apressar o diagnóstico, mas resistiu à tentação e abriu-se verdadeiramente a ouvir-me para que pudesse aprender mais.

Após romper a interminável corrente de atividades e de abrir mão do controle sobre o resultado, os bons ouvintes, então, desligam-se do resto do mundo, dedicando total atenção ao generoso ato de ouvir. Cultivar uma vida de oração ajuda a fortalecer a audição. Receptividade, com relação

---
1 THOREAU, Henry David: *Vida sem princípio*. Domínio público.

a Deus e aos demais, é receptividade. Uma vida saudável de oração, portanto, nos torna ouvintes melhores.

O último passo é expressar o máximo de sabedoria naquela situação, somente após certificar-se de que a outra pessoa, de fato, já terminou a sua parte, com amor e genuína intenção de fazer todo o possível para ajudar o outro. Peça ao Senhor que lhe conceda recursos e discernimento para promover uma diferença real e definitiva com a sua fala. Deus trouxe aquela pessoa (o interlocutor) até você (o ouvinte) porque, com certeza, você é um dos mais capacitados a ajudá-la. O Dr. Jacobs, um dos mais prósperos e influentes moradores daquela cidade, era o único que poderia me dar a resposta que deu e ser ouvido por mim. De fato, aquele período de descanso me fez muito bem.

Você se lembra do que sua mãe disse ao lhe ensinar a atravessar a rua? O mesmo se aplica ao ato de ouvir.

Pare. Saia de seu frenesi orientado às atividades e atualidades.

Olhe. Olhe para a pessoa que está diante de você. Olhe para dentro de si e se guarde de vir com uma resposta pronta antes de o seu interlocutor terminar de falar. Mantenha-se aberto a ser surpreendido ou a aprender algo novo quando a pessoa falar. Abra a sua mente e o seu coração. Abra mão do controle.

Ouça. Ouça profundamente, bloqueando todos os outros pensamentos e impressões.

Atravesse. Solucione o problema da melhor maneira que puder, mesmo se isso lhe custar algo. Confie que Deus lhe enviou esta pessoa porque sabia que você possuía o necessário para fazer algo a respeito.

Tente isso hoje. Ou amanhã. Você ficará positivamente surpreso ao constatar como isso funciona bem. E isso pode fazer uma duradoura diferença na vida de outro ser humano.

Para o Dr. Randy Jacobs, o que ele fez foi muito simples. Para mim, foi algo que mudou a minha vida. Quem sabe até me salvou.

Aplicação e discussão

- Durante esta semana, pratique o ouvir alguém em total silêncio. Apenas use o contato visual. Nem mesmo acene assertivamente com a cabeça. O que você aprenderá com isso?
- Exercite o padrão *pare*, *olhe*, *ouça* e *atravesse* (aplicado ao ouvir) e veja se consegue memorizá-lo. Por que atravessar sem observar as etapas anteriores causa problemas?
- Relate uma história sobre o momento em sua vida no qual você foi ouvido bem. Imagine maneiras de você ser aquele ouvinte para outras pessoas. Há alguma razão para você não praticar isso nos próximos dias, tornando-se, assim, uma grande influência na vida de outros?
- O que você acha da afirmação: "Ouvir é mais importante do que ensinar, falar ou pregar"?

Mantenha limites saudáveis

Boas cercas fazem bons vizinhos. – Robert Frost[2]

Todas as células saudáveis em seu corpo possuem uma membrana, ou um limite. A grande maioria das pessoas tranca as portas à noite, ao ir dormir.

Infelizmente, muitas pessoas comparam amor com rendição sempre que têm um conflito com alguém ou, pior, sempre que se sentem abusadas. "Flexibilizar" o tempo todo é tão problemático quanto tentar vencer sempre. Ambos são como canaletas na pista de boliche da vida.

Passividade e fraqueza não criam amor, mas codependência e bajuladores que morrem de medo de as pessoas não gostarem deles.

O mesmo Jesus que disse "Se alguém o ferir na face direita, ofereça-lhe também a outra" – o que jamais se pretendeu que fosse uma prática legal e universal, embora essa ação seja, em geral, sábia e útil em muitas situações – também usou um chicote e expulsou os vendedores do templo.

Para tudo há um tempo. Há um tempo para deixar as autoridades oprimirem você, repetidas vezes, como ocorreu com Gandhi. Da mesma forma, há um tempo para estabelecer limites e empurrar de volta.

Não creio que seja ético iniciar qualquer ato de violência, porém fazer uso da força para evitar que você mesmo ou

---
2 FROST, Robert. *Mending Wall* (Consertando o muro). www.internal.org/Robert_Frost_Wall.

alguém mais se torne vítima de uma violência iniciada é, via de regra, a atitude mais amorosa a se tomar.

Jesus não nos chamou para ser capachos, mas nobres servos uns dos outros – e servir com dignidade, não como um cachorro que se curva porque foi agredido muitas vezes antes.

Jesus foi gentil, quando precisava ser gentil, e enérgico, quando era necessário ser. Afinal de contas, ele foi morto por sua audácia e não por sua subserviência.

Na verdade, aqueles dentre nós que são fortes e determinados deveriam usar essa força em prol dos mais fracos para que, no devido tempo, estes se fortalecessem.

Diga o fraco: "Sou um guerreiro!" – Joel 3.10

Não existe um enredo cósmico. A Bíblia lhe dará o discernimento específico para a situação, quer seja para abrir mão, quer seja para resistir, mas necessitamos ouvir a voz direta de Deus agora mesmo, enquanto as coisas estão ocorrendo.

E isso é certamente possível, porque Jesus nos diz que ouçamos a sua (do pastor) voz. Ele não afirmaria isso se estivesse acima de nossa capacidade.

Entretanto, o tempo de consertar o telhado não é quando a tempestade atinge a casa. Desenvolva a sua capacidade de ouvir a voz de Deus quando as coisas estão calmas, não em meio a uma crise.

O cultivo diário e contínuo de um relacionamento sólido com Deus, conversando e, especialmente, ouvindo o que ele tem a dizer, não é muito atraente ou animador, mas uma tarefa árdua. E requer muita disciplina.

Não tente isso pela primeira vez quando estiver passando por uma situação ameaçadora ou sendo vítima de intimidação.

No clássico filme *Karatê Kid,* há uma longa e entediante sequência conhecida como a cena da cera, ou "wax on, wax off". Verifique essa cena na internet, caso ainda não a tenha visto. Um jovem tem um treinador de caratê, o Sr. Miyagi, que possui muitos carros antigos e clássicos. Então o treinador faz o jovem pupilo encerar os seus carros, repetindo movimentos muito específicos por dias a fio. Algo muito enfadonho.

Mas quando a luta começa, o pupilo responde imediatamente, executando com perfeição os movimentos que aprendera encerando os carros.

As lutas surgirão em sua vida. Você está comprometido com essa disciplina de "encerar" em sua vida de oração? Isso fará toda a diferença quando a temperatura começar a subir.

Aplicação e discussão

- Como evitar conflitos pode afetar a direção de sua vida?
- Há pessoas em sua vida que continuamente violam os seus limites? Mentalmente, cite os nomes dessas pessoas. Quando seria o melhor momento de começar a resistir? "Nunca" não é uma boa opção. Ou é?

- Não há uma única maneira de responder a uma pessoa que está tentando coagi-lo ou forçá-lo a fazer ou dizer alguma coisa. Por que é essencial cultivarmos uma linha direta com o Senhor a fim de estarmos preparados a tomar uma direção quando o conflito nos cerca? O que seria necessário para tornar isso realidade?

Faça a coisa certa

A outra pessoa não está cooperando! Minhas mãos estão atadas!

Sério?

Em minha experiência, mesmo nos piores casamentos, se apenas um dos cônjuges quiser, será possível salvá-lo.

Em qualquer relacionamento humano entre você e outra pessoa, o relacionamento com o Senhor é fundamental. Como a Bíblia diz: "Um cordão de três dobras não se rompe com facilidade" (Ec 4.12).

Todo e qualquer relacionamento duradouro enfrentará, pelo menos, alguns poucos momentos em que a falha do sistema se mostra uma possibilidade real.

Contudo, tais laços familiares e de amizade são como uma poupança. Durante anos, semana após semana, você faz seus depósitos. Cada um é como uma moeda de ouro de qualidade de tempo que provém de seu coração. Todos recebem a mesma quantidade de moedas por ano – o tempo é um empregador que dá oportunidades iguais.

Imagine um casamento duradouro, que resiste por anos ou mesmo décadas. Pode ser que você tenha dado cerca da metade das moedas de seu tempo relacional ao seu cônjuge; pedacinhos de seu coração e de sua alma.

A cada moeda depositada na abertura do coração dele, você consegue ouvir o tilintar no abobadado cofre do interior da pessoa amada.

Você jamais obtém tais moedas de volta. O tempo se desenrola em uma direção, mas aquela moeda dourada continua a acrescentar valor ao seu relacionamento. A maioria de nós desfruta de alguns poucos relacionamentos que são literalmente inestimáveis.

Digamos que você rompa com seu cônjuge depois de sete anos de casamento. A essa altura, o problema pode parecer muito maior que o seu próprio relacionamento. De fato, a relação pode se tornar tão conflituosa e desconfortável, que a ideia de ter o cônjuge fora de sua vida começa a parecer um tanto quanto tentadora e desejável.

Podemos até compartilhar as nossas queixas sobre o outro com pessoas conhecidas, na esperança de convencê-las a ficar do nosso lado nessa batalha. Em geral, barateamos a palavra *abuso* (que pode até ser um problema real, porém seu uso pode ser inflacionado e exagerado), atribuindo-a ao nosso cônjuge, caso necessitemos justificar o fim da relação.

Mas espere.

Quanto você tem investido em seu cônjuge? Quantas moedas douradas foram depositadas no banco espiritual? Se você for embora, deixará o investimento para trás.

Você abriria mão de uma recompensadora pensão pouco antes de se aposentar? Desistiria de uma casa totalmente paga, entregando as chaves para outra pessoa? Claro que não.

Então, por que você consideraria perder o seu mais valioso investimento, o seu relacionamento primário? Jesus nos diz que "calculemos o preço" antes de uma decisão importante (Lc 14.28).

Romper casamentos, em especial, como também outros relacionamentos de alto valor, nos custa um elevado preço. O débito emocional causado pela ruptura de uma relação empurra muitos para a zona emocional vermelha pelo resto da vida. O divórcio é uma fumegante cratera social, financeira, espiritual e emocional. Dessa forma, a Bíblia é muito clara em afirmar que Deus "odeia o divórcio" (Ml 2.16). Não porque nos odeia, mas porque ele deseja nos poupar da dor e das cicatrizes desse processo.

Quem sabe metade das pessoas que esteja lendo este livro seja divorciada. Talvez você conheça essa dor. Não há como voltar atrás e suprimi-la, mas "isso é o que é". No entanto, você pode determinar em seu coração fazer a coisa certa e lutar por seus relacionamentos primários agora e no futuro.

Você não pode relacionar-se com todas as pessoas do mundo. No entanto, pode escolher algumas pessoas nas quais irá depositar as suas preciosas moedas de ouro de tempo e atenção. São a elas que diremos do fundo do coração: "Até que a morte nos separe." Amigos. Familiares.

Colegas. Ou, como dizemos aqui, na Califórnia, compadres e comadres.

Imperfeições à parte, elas são dignas de nosso esforço e luta.

Lembre-se: "Um cordão de três dobras não se rompe com facilidade" (Ec 4.12).

Essas pessoas valem todo o seu investimento. E você é digno do investimento delas. Cuide bem delas.

Aplicação e discussão

- Claro que o abuso nunca é aceitável. Porém, de que maneiras o termo *abuso* pode ser aplicado erroneamente? Se você, em um momento de ira, gritar com alguém, é apropriado que a outra pessoa chame o seu ato de abuso? Quais são alguns aspectos negativos de rotular de *abuso* uma ampla gama de ações e palavras proferidas por alguém?
- Quais são alguns sinais, se houver, de que a cultura dos casamentos e famílias duradouros está se deteriorando em nossa comunidade?
- Por que, em sua opinião, as pessoas jamais sonhariam em desistir de uma polpuda pensão, mas facilmente pensariam em abrir mão de um longo investimento na vida de outra pessoa?
- Qual a utilidade em ver os relacionamentos como preciosos investimentos?

Seja confiante

Certa vez, a capa de um livro atraiu a minha atenção: *No One Belongs Here More Than You* (Ninguém pertence a este lugar mais do que você).

Na verdade, nunca li aquele colorido e pequeno volume, mas o título encerra muita seriedade e sabedoria. Muitos de nós, ao entrarem no ensino médio, já passaram pela normal e natural experiência de não se encaixar em lugar algum.

As pessoas não gostam de mim e, se soubessem como realmente sou, jamais desejariam estar comigo.

Poucos são os homens e as mulheres que nunca tiveram esse pensamento. Talvez você ainda acredite nele.

Porém a verdade nua e crua é esta: ninguém pertence a este lugar mais do que você. Você foi criado do zero (havia zero *você* antes de você nascer) e jogado neste mundo sem a sua permissão.

Você passou pelo primeiro ou segundo aniversário antes de ter qualquer noção de sua identidade ou mesmo ter um indício de seu lugar no plano geral das coisas. O mais provável é que levou algum tempo até compreender que havia uma razão para as outras pessoas serem muito maiores que você, e que, algum dia, você seria tão grande quanto elas.

Então você enfrentou a sua primeira rejeição por parte de um indivíduo ou grupo. Eles disseram que sumisse da frente deles. Talvez você tenha ficado perplexo, a princípio. Então, depois de entender o que aconteceu, veio a dor visceral ou mesmo insuportável. As crianças podem ser inacreditavelmente cruéis umas com as outras, e ninguém escapa incólume à primeira infância. Essa dolorosa experiência ecoa através dos saguões de sua memória emocional, assombrando-o com a ideia de não estar à altura dos outros e de que terá de se virar na vida... sozinho.

Mas você não está sozinho nesta jornada. Isso acontece com todo e qualquer ser humano! Mesmo Jesus foi rejeitado, e de uma forma tremenda. Nossa autoestima não se baseia em nossa popularidade (que, em geral, é muito maior do que imaginamos), mas advém do simples fato de que o nosso Criador nos trouxe à vida e nos colocou aqui com um propósito.

Na verdade, você ganhou na loteria cósmica. Ainda não se descobriu vida em nenhum outro lugar fora da Terra (até o momento), e, em apenas uma minúscula fração da massa de nosso planeta, o que está nele pode ser considerado "vivo". A maioria desse universo – ou seja, grama, florestas, algas marinhas e plâncton – dificilmente pode ser o que chamaríamos de "consciente". Em minha opinião, alguns animais superiores, especialmente os cães, parecem possuir alguma extensão emocional e uma consciência mais elevada.

Contudo, não há dúvidas de que somos a coroa da criação. Eu posso armazenar os meus pensamentos nesta página, e seus olhos irão recriar imagens e ideias mentais correspondentes às minhas. Compartilho tudo isso por meio de meus dedos em um teclado. As formas das letras foram desenhadas por entalhadores em uma antiga cidade chamada Roma. Você pode pegar o seu celular e enviar uma cópia deste livro a qualquer pessoa neste planeta – a maioria pode receber este livro em dois dias.

Você come uma maçã, e seu corpo transforma essa matéria em energia que ilumina os seus olhos e regula centenas de processos químicos e o nível da temperatura – processos pulsando por baixo de sua pele. A maioria dos humanos se apaixona por alguém do sexo oposto e dá origem a uma nova pessoa que parece uma mistura dos dois. E os milagres sucedem, um após o outro...

No entanto, o maior milagre de todos é que o poder e a inteligência por trás deste vasto universo, caso você seja capaz de aquietar a sua alma, está se comunicando com você. Pessoalmente, o Criador o convida a criar com ele, a ser parte do grande projeto divino. Todos os dias, ouça aquela voz mansa e suave. Somos os jardineiros e zeladores deste glorioso globo, que chamamos de Terra.

Isso é razão suficiente para, confiadamente, iniciar relacionamentos duradouros e significativos com outros seres humanos?

Você é a coroa da criação. Ninguém pertence a este lugar mais do que você.

Aplicação e discussão
- Descreva um período doloroso em que você se sentiu indesejado ou inoportuno.

- Cite maneiras pelas quais as pessoas em nossa cultura avaliam a própria autoestima. Qual delas é a menos saudável?
- Por que pessoas confiantes parecem ter mais amigos?
- Como a maior consciência dessa dinâmica (pertencer) torna muito mais importante permitir que as pessoas saibam que você está feliz por elas estarem lá com você?

Capítulo Quatro
O SEGREDO DA ESPONTANEIDADE

As pessoas nunca foram tão prósperas como em nossos dias, mas, em compensação, nunca estiveram tão ocupadas e carentes de tempo livre. Nossas agendas estão repletas de obrigações e promessas a serem cumpridas. As promoções e os anúncios, de uma forma ou de outra, têm nos persuadido a gastar todo o nosso dinheiro (e até mesmo o dinheiro que não possuímos ainda), bem como os parcos minutos de nosso tempo e atenção. Hoje, "ter" significa muito mais do que "ser".

Garrison Keillor brinca a respeito de uma igreja chamada "Nossa Senhora da Perpétua Responsabilidade". Parece que, ao longo da geração anterior, todos nós nos tornamos membros ativos dessa congregação.

E, com isso, perdemos o senso de alegria e espontaneidade do viver, o senso de liberdade e de escolhas reais.

É como se a vida espiritual fosse apenas mais um item na lista de "deveres". Eu devo orar, ler a minha Bíblia e ser voluntário na igreja. E, por essa razão, as atividades na igreja despencaram ao mais baixo nível no decorrer da minha vida. A igreja parece algo opcional, e as pessoas estão procurando por espaços onde possam respirar.

Entretanto, o caminho espiritual é o único meio de escape da responsabilidade perpétua. Curioso? Continue a leitura.

Use os limites para criar o seu playground
Em sua maioria, os caminhos que levam à liberdade são contraintuitivos. Aqui está o primeiro: regras ajudam.

Certamente algumas sérias dúvidas assaltaram a sua mente ao ler a última frase. Porém meus irmãos e eu fomos criados em um lar abençoado com um punhado de ações do tipo nunca-jamais-pense-nisso.

Pelo que me lembro, elas eram essas:

- Nunca roube nada. Jamais.
- Nunca traia o seu cônjuge.
- Case-se e permaneça casado.
- Pague as suas contas em dia.
- Evite círculos sociais onde as pessoas comprem e vendam drogas ilegais.
- Homens jamais devem bater em mulheres, sob nenhuma circunstância.
- Nós vamos à igreja aos domingos.
- Dentro de casa, é proibido usar linguagem chula.

Assim, éramos um pouco enfadonhos, mas não era algo legalista. Conquanto você respeitasse essa constituição verbal, havia certa dose de perdão para todo o resto. Caso outras regras fossem quebradas ou grandes erros fossem cometidos, a família ficava apenas desapontada, desde que as oito regras de ouro fossem tratadas como cercas elétricas.

Em nosso lar, todos os três filhos cometeram erros próprios da adolescência, mas se não ultrapassássemos a linha das regras mais importantes, éramos cercados por um tipo de favor especial – e podíamos sentir isso.

Essa atmosfera criou um sentido de liberdade. Eu seria capaz de apostar uma grande soma em dinheiro que nem meus pais, assim como nenhum de seus três filhos, jamais infringiram qualquer dessas diretrizes – até hoje. Simplesmente não falávamos sobre elas – na verdade, raramente o fizemos. Porém fazíamos o que pregávamos.

E qual foi o resultado? Nenhum caso extraconjugal ou divórcio em todos os quatro casamentos. Não devemos nada a ninguém. Jamais agredimos mulheres. Nossos lares gozam de relativa paz, e acho que jamais deixei de ir ao culto para "fazer alguma outra coisa".

Isso não quer dizer que nossa vida seja perfeita. Temos nossas questões, porém não aquelas.

Em minha mente, não há dúvidas de que ter algumas zonas proibidas desde o início contribuiu para que todos nós tivéssemos uma vida razoavelmente fácil. E, ironicamente, isso nos deu liberdade para avançar em outras coisas, evitando o drama e a dor resultantes de sair dos trilhos em uma daquelas áreas. Muitos de meus amigos, vizinhos e colegas de trabalho têm comprometido anos de sua vida por ultrapassarem os limites de alguns desses valores básicos.

Por falar em trilhos, você consegue imaginar um trem de carga tentando atravessar um campo aberto? Basicamente ele não iria chegar a lugar algum, se é que conseguiria avançar. Mas coloque-o sobre trilhos polidos de aço, e ele, com a potência correta, será capaz de alcançar velocidade superior a trezentos quilômetros por hora.

Você pode achar que o trem tem menos liberdade por estar sobre trilhos, porém o oposto é que é verdadeiro. Todo o país está acessível a esse trem. Os trilhos são a chave para regras que produzem liberdade na vida.

Por que você e as pessoas que compartilham de sua vida não estabelecem algumas poucas normas e valores, protegendo-os como zonas proibidas? Não precisam ser as mesmas com as quais convivi em minha família. Na verdade, nem mesmo sei se foram intencionais, apenas refletiam os valores orgânicos resultantes dos princípios com os quais meus pais cresceram.

Nunca é tarde para começar. Considere a lista dos "dez mais" de Deus e reflita sobre os tipos de valores que melhor funcionariam para sua vida.

Você prefere tentar mover o seu trem de carga por um campo aberto ou deslizá-lo sobre reluzentes trilhos de alta velocidade em uma locomotiva TGV, na França, em que o único fator que limita a velocidade é a potência do seu motor?

Para mim, a escolha é fácil. A princípio pode ser difícil, mas logo, como qualquer hábito, fluirá natural, fácil e sem grande esforço.

Trilhos sólidos são os portões que dão acesso a uma vida de crescente liberdade e alegria. Se você tiver um bom sistema férreo, nem precisará pilotar. Você nunca desejou pisar fundo no acelerador e ver o que podia fazer?

Aplicação e discussão

- Se você tivesse uma zona proibida, como ela seria?
- Se ela for diferente daquela com a qual cresceu, qual a diferença? Você a está evitando ou melhorou o que a sua família de origem tinha como sistema ético operacional?
- De que maneiras os trilhos morais inibem a nossa liberdade? Como eles aumentam a liberdade pessoal?
- Mais adiante, neste livro, discutiremos o Salmo 119.45: "Andarei em verdadeira liberdade, pois tenho buscado os teus preceitos." Como você se sente a respeito disso?

Experimente o poder de permanecer

Na Bíblia, há uma palavra fora de moda, usada principalmente por João, a qual aprecio muito: *permanecer*.

As versões mais recentes da Bíblia têm procurado expressar esse significado de maneira mais moderna, porém nenhuma é mais eficiente que esta.

Permanecer continua *permanecer*.

É uma palavra relacional. Eu posso relacionar *permanecer* apenas com outra pessoa ou com o Senhor. É possível *ficar* em uma garagem, mas *permanecer*, não.

Essa palavra vai de encontro à cultura prevalecente dos nossos dias, porque sugere quantidade (não apenas qualidade) de tempo, e hoje esse é um artigo em falta na vida das pessoas.

Permanecer é relacional porque alegria é relacional. Mesmo quando você está sozinho no deserto por dias a fio, qualquer alegria que flui de seu interior provém do Senhor, a fonte de água viva.

E essa alegria do Senhor é a nossa força. Quanto mais tempo passarmos com o nosso Deus, maior será a nossa alegria. Não podemos viver de superdoses ocasionais, tentando compensar a nossa falta de permanência.

Aqui vai uma dica para crescer em sua capacidade de permanecer e receber alegria do Senhor: aprenda a permanecer com outras pessoas. Nós fazemos o mesmo esforço quando permanecemos com o Senhor. Se você tiver problemas com um, terá problemas com o outro. O contrário é verdadeiro.

Assim, se Deus for um tanto quanto novo, abstrato ou mesmo estranho para você, preste atenção à próxima conversa que tiver com outra pessoa. Qual é a sua linguagem corporal? Você está enviando sinais de que está ansioso para ir embora? Já notou que não é possível, por mais que você se esforce, disfarçar quando verifica as horas em seu relógio ou celular? A linguagem de seu corpo revela à outra pessoa que você está querendo sair daquela situação, e qualquer um que esteja por perto consegue facilmente perceber.

Seja intencional quanto às conversas. Seja o último a estender a mão para despedir-se. Desligue o seu celular. Mostre-se mais interessado em ouvir do que em compartilhar a sua opinião. Afinal, você já sabe o que pensa a respeito e não aprenderá nada se ficar interrompendo a conversa.

Uma vez que tenha praticado por algum tempo, aplique as habilidades desenvolvidas em seu relacionamento com Deus. Hoje, a minha vida de oração concentra-se mais na beleza e na habilidade: pedindo ao Senhor que me ajude a focar mais naquelas coisas que faço especialmente bem com o mínimo de esforço. Deus deseja que usemos nossos dons, porém desperdiçamos o nosso tempo e o dele insistindo em fazer coisas nas quais não somos bons. Essa oração tem permanecido em meu relacionamento com Deus todos os dias. Procuro manter o foco de minha oração em uma única coisa por vez, e não formular uma lista.

Se eu não fizer outra oração durante o dia, isso fará diferença em minha vida, talvez de forma permanente. Volto com frequência a ela desde cedinho até a noite.

Permanecer. Essa atitude leva a uma vida que desacelera, espiritualmente. À medida que desaceleramos o nosso espírito, nosso campo de visão é ampliado e o nosso discernimento é aprofundado.

Você já passou pela experiência de estar dirigindo tão rápido que não conseguiu entrar na rua certa e teve que dar a ré ou dar a volta no quarteirão? Quando permanecemos, nem mesmo precisamos usar os freios. Deslizamos suave e naturalmente até uma parada pouco antes da estação de baldeação sobre aqueles trilhos reluzentes que abordamos na seção anterior.

Permanecer: um dos segredos para a liberdade e a escolha, os quais, como consequência, produzem espontaneidade e alegria.

Aplicação e discussão

- Quais pessoas, dentre as que compartilham da sua vida, estão sempre aprendendo com as conversas?
- Entre elas, quais as que usualmente você se dispõe a ouvir?
- Quais são as três pessoas com as quais você se sente mais à vontade?
- Que passos simples e concretos você pode adotar para melhorar na arte de permanecer?

Ouça a voz do pastor

Lembro-me de ter um guia no porta-malas do meu carro. Claro que após as minhas mudanças, sempre tinha que comprar um novo. Hoje, por ser da geração GPS, a maioria das pessoas nem faz ideia de como era esse guia.

Tais guias eram grandes brochuras formadas de inúmeros mapas da área metropolitana da cidade (as páginas mais consultadas, em geral, se soltavam após algum tempo). Ao "sair da área" apresentada naquela página, você tinha que achar a página que mostrava a continuação daquela área, o que não era tão fácil quanto parece.

Igualmente, você precisava ser bom em informar, compreender e memorizar as direções. Uma arte totalmente perdida hoje. Essas eram regras temporárias que armazenávamos em nossa curta memória até acharmos o nosso destino.

Pessoas como eu, dotadas de um bom senso de direção, eram úteis para consultas rápidas. Até hoje mantenho esse senso. Enquanto digito estas palavras, sei que estou direcionado ao sudoeste, sem nem mesmo ter refletido sobre isso.

Então surgiram os equipamentos de navegação e, mais recentemente, os aplicativos para celulares que fornecem cada passo do trajeto para se chegar ao destino. Isso nos poupa toneladas de tempo e energia mental. Inicialmente, quando surgiram, esses programas apresentavam muitos problemas e falhas de funcionamento, porém hoje em dia são muito mais estáveis e confiáveis.

Meu senso de direção atrofiou, e ninguém mais se impressiona com a minha antiga habilidade nessa área. Praticamente não há mais quem seja capaz de informar ou lembrar direções.

Aplique essa ilustração à sua vida. O mundo é o seu campo de trabalho, diversão e descanso. Os guias são as regras que você deve seguir para chegar ao seu planejado destino. O programa de mapas com GPS é a voz orientadora do Pastor, o próprio Senhor.

As regras são formidáveis porque funcionam, assim como o antigo e volumoso guia funcionava. Porém o apóstolo Paulo afirma que essa lei (o livro de regras) é apenas um "guardião" ou "tutor" para nos manter em segurança até sermos elevados à vida no Espírito (Gl 3.24).

Ocorre que você estará em melhor situação com o guia, caso não tenha acesso ao GPS. Se você não desenvolver a habilidade de ouvir a voz de Deus, ficará totalmente perdido sem os mapas.

Assim, essa capacidade de ouvir advém diretamente desse permanecer que abordamos na seção anterior. Você não é capaz de ouvir se não estiver presente com Deus. Passamos muito tempo fora do alcance da voz do Senhor.

Bem, voltando às minhas orações para hoje – estou ouvindo Deus dizer que se eu me dedicar excessivamente às áreas da vida nas quais possuo pouca destreza, então as outras funcionarão de maneira deficiente em relação a mim e, como consequência, algo importante deixará de ser feito. Essa falha levará a uma cascata de efeitos negativos. Assim, agora peço ao Senhor que me mostre onde estou investindo tempo e energia demasiados em tarefas para as quais sou menos qualificado, de maneira a interrompê-las e colocar meu foco em atividades que executo melhor.

A minha capacidade de ouvir tudo o que o Senhor tem a dizer sobre isso ainda não está completa e, assim, precisarei permanecer um pouco mais hoje a fim de levar a nossa sessão de oração a uma boa conclusão.

Jesus disse: "conheço as minhas ovelhas, e elas me conhecem" (Jo 10.14). Por quê? Pelo fato de o pastor e suas ovelhas passarem dias a fio juntos nos campos. Ouvir e reconhecer Deus é um efeito direto do tempo que dedicamos a estar com ele. Não há atalhos.

Dessa forma, se iremos nos mover além das regras, o que é um grande começo, e usar o "GPS de Jesus" para navegar em nosso tempo aqui, teremos que passar um tempo com ele (em belo hebraico "lek, lek-AH").

A promessa de uma vida guiada pelo Espírito é grandiosa. De fato, Paulo escreve em sua carta aos gálatas que isso resulta em grande liberdade, pois "se vocês são guiados pelo Espírito, não estão debaixo da Lei" (5.18).

O seu "guia" espiritual é um grande começo, mas você consegue imaginar a liberdade de uma estrada sem obstáculos se aprender a ouvir o Espírito de Deus?

Ah, os lugares que você visitará...

Aplicação e discussão

- Você é velho o suficiente para ter vivenciado a transição dos guias de papel para o GPS? Como isso se relaciona com a nossa navegação espiritual com Deus? Que paralelos você consegue ver aqui?
- Qual a semelhança entre ficar perdido em uma cidade desconhecida e estar perdido espiritualmente? Qual a diferença?
- Como desenvolver a nossa habilidade em ouvir outras pessoas intensifica a nossa habilidade de ouvir Deus?

Dance com Deus

A vida é uma dança. Eis um jeito sublime de descrever a vida, não é mesmo?

Eu gosto de ir a casamentos por muitas razões. E ver os noivos em sua primeira dança como marido e mulher é especialmente tocante para mim.

Séculos de desenvolvimento têm organicamente produzido a matéria-prima que vemos nos programas de concurso de dança, hoje na televisão. Os homens tendem a ser mais fortes e mais altos que as mulheres, enquanto estas tendem a ser mais perceptivas e responsivas. Portanto, quando os casais estão dançando, em geral os homens conduzem, e as mulheres respondem. Isso resulta no movimento mais suave possível de acordo com a fisiologia da maioria dos homens e das mulheres.

Minha esposa Wendy e eu gostamos de dançar. Quanto melhor executamos os movimentos e ouvimos os corpos um do outro, mais liberdade, espontaneidade e alegria nós experimentamos – e mais escolhas e opções temos na pista de dança.

No tocante a dançar com Deus, é óbvio que não conduzimos, mas somos conduzidos. No entanto, muitas de nossas orações são "ordenatórias". Tomamos a iniciativa e pedimos a Deus que atenda à nossa lista prévia de desejos. Isso coloca o Criador do universo em uma posição desconfortável. Até tentamos demonstrar mais fé, pensando que com isso Deus atenderá aos nossos pedidos.

É verdade que a fé faz toda a diferença, porém, quando estamos tentando conduzir, nosso alinhamento com Deus não é correto, e nossa dança se torna desajeitada.

Apesar de nossas boas intenções e esforços, as melhores coisas na vida não acontecem quando tentamos ir à frente de Deus, mas sim quando ele nos surpreende com um movimento de condução e respondemos "sim, Senhor".

Veja, a coreografia planejada por Deus está muito acima de qualquer dança que você tenha imaginado para a sua vida. Seria sensato pedirmos a um garoto de 10 anos que dirigisse o Balé Bolshoi? Claro que não.

As cinco ou seis grandes realizações em minha vida surgiram do nada. Eu jamais as mereci ou me esforcei por elas. Portões dourados de oportunidades se abriram diante de mim, e eu os adentrei. Simplesmente respondi ao movimento de Deus, e minha vida foi a um nível totalmente novo.

Estou em Seal Beach, Califórnia, por causa de um telefonema com uma oferta de emprego, cerca de doze ou treze anos atrás. Eu não conhecia a pessoa que me ligou, e atendi àquela ligação enquanto dirigia o meu carro, ao lado de meu filho, perto de Des Moines, em uma estrada próxima à casa de meu irmão. À época, nada disso fez sentido, porém, em quase todas as áreas – financeira, social, espiritual e fisicamente –, minha vida assumiu um nível muito superior com a mudança. Jamais imaginei, ou mesmo me esforcei, para morar aqui. Mas o Senhor, sim, e eu respondi positivamente ao seu movimento.

Quanto tempo você está desperdiçando com a sua insistência? Na verdade, o esforço excessivo nos transforma em seres intratáveis. E, quando não sentimos alegria, terminamos longe do alcance da voz de Deus e, assim, não ouvimos os seus convites.

Quem sabe quantos são os convites para aproveitar a liberdade e a alegria que temos perdido porque nos enterramos debaixo de uma pilha de trabalho infrutífero?

Se a sua vida de oração se restringe a cinco minutos diários em que rapidamente apresenta uma lista de pedidos para depois mergulhar em um oceano de atividades intermináveis até se acabar ao fim do dia, você pode terminar assistindo a comédias sem graça em sua televisão de tela plana, comendo gordurosos salgadinhos e se perguntando o que aconteceu com a sua vida (e com sua cintura!).

Temos que dedicar tempo na pista de dança com Deus. Aprender como ele conduz, com firmeza e gentileza. Treinar a nós mesmos a não ter de saber exatamente o que ocorrerá a seguir ou qual será o plano para amanhã. Jesus disse: "Portanto, não se preocupem com o amanhã, pois o amanhã trará as suas próprias preocupações" (Mt 6.34). Conseguimos parar de pensar nas coisas que desejamos que Deus faça por nós e focar apenas em responder à sua condução (em geral, surpreendente) de maneira positiva e poderosa?

Abrir mão do controle sobre a nossa vida na pista de dança com Deus constitui um dos segredos para desfrutar de liberdade e alegria. Caso contrário, acabaremos aprisionados em uma dança de salão cafona e juvenil. E não seria triste se essa dança... fosse tudo o que restasse?

Aplicação e discussão
- Seja honesto. A ideia de dançar com Deus parece muito exagerada para você? Como conseguiria superar isso?
- Cite outras coisas na vida que são como uma dança entre dois parceiros.
- Qual a proporção de sua oração entre pedir coisas a Deus (conduzir) e responder à condução do Senhor?

Siga o Espírito

"Não, nem sequer ouvimos que existe o Espírito Santo" (At 19.2). Alguns discípulos, em Éfeso, mostraram-se sobremaneira surpreendidos quando Paulo lhes perguntou sobre a terceira pessoa da Trindade.

Para muitos de nós, frequentadores de igreja, o Espírito Santo vive em algum lugar no Credo dos Apóstolos – e ele não costuma sair com frequência. De fato, temos palavras rudes para Deus, o Pai, e para Jesus, mas o Espírito Santo, em geral, é deixado de fora...

Há um receio de que se dedicarmos muita atenção a tais – para alguns de nós, estranhas – coisas espirituais, acabaremos como alguns fanáticos religiosos, falando e cantando em línguas em locais públicos. E quem deseja isso?

O problema é que nos países desenvolvidos muitos cristãos têm uma fé sobremaneira intelectualizada, perdendo, assim, o contato com a espiritualidade. Refletimos tempo demais e cultivamos pouco demais a nossa natureza espiritual.

Parte disso é consequência de nossa falta de cosmovisão espiritual. Tendemos a ver tudo em termos científicos, mecânicos e de causa e efeito. A ideia de um Espírito real e presente parece opcional para muitos de nós, na melhor das hipóteses.

No entanto, a Bíblia ensina que há, de fato, um Espírito Santo, e que ele é uma pessoa, não apenas uma coisa ou força vaga.

Assim, deveríamos aplicar a ele o pronome pessoal correto e jamais considerá-lo como algo distinto de um ser relacional. Imagine alguém, em uma festa, perguntar por um de seus familiares e você lhe responder: "Isso está sentado no sofá, na sala ao lado." Muito menos o Espírito Santo deveria ser tratado como uma coisa.

O Espírito Santo não foi inventado pelos autores do Novo Testamento. Ele estava presente com Elohim (Deus) e pairou sobre a face do abismo. Ele encheu Bezalel, Gideão, Saul e Isaías com a sua profunda presença nos tempos do Antigo Testamento.

Tanto quanto a vinda futura do Messias foi prometida, igualmente a descida especial do Espírito Santo em poder foi anunciada pelo profeta Joel.

O Pentecostes foi o dia do cumprimento daquela profecia, e milhares creram em meio a uma sobrenatural efusão de línguas, enquanto o Espírito Santo descia na forma de línguas de fogo na casa onde estavam os discípulos de Jesus (At 2).

Portanto, Paulo pergunta àqueles cristãos em Éfeso: "Vocês receberam o Espírito Santo quando creram?" (At 19.2). E se o próprio apóstolo batesse à sua porta e, ao abri-la, lhe fizesse a mesma pergunta?

E as nossas respostas não são apenas alguma teologia correta, mas são sobre permanecer com um ser invisível cuja descrição (ao contrário de Jesus) é impossível.

Então, por onde começar? Bem, os dois idiomas nos quais a Bíblia foi escrita, hebraico e grego, utilizam a mesma palavra santa, cujo significado é "respirar", "soprar", para Espírito. Na verdade, nas duas línguas, a mesma palavra funciona para ambas, não há termo distinto a separá-las.

Assim, eu concluo que a respiração é um bom lugar para começar quando busco a presença do Santo Espírito. Afinal, o livro de Gênesis relata que Deus soprou no barro e o homem tornou-se um ser vivente.

Igualmente, respiramos em uníssono quando cantamos, e eis por que o cantar, em geral, nos leva a experiências espirituais. Creio que isso já ocorreu em algum momento de sua vida.

Dessa forma, inspirar profundamente e orar "Venha, Espírito Santo (Santo Respirar)" é uma boa maneira de iniciar.

Leia os relatos sobre o enchimento do Espírito no Novo Testamento e procure recriar as condições básicas que descobrir no texto bíblico. E ore com fé para que o Espírito Santo atue em você.

A Bíblia promete uma resposta a essa oração específica. Jesus diz que, se pedir, buscar e bater, você receberá respostas, você encontrará, e a porta lhe será aberta (Mt 7.7-8). Mais adiante, nessa passagem, Cristo promete: "quanto mais o Pai de vocês, que está nos céus, dará coisas boas aos que lhe pedirem!" (v. 11).

Então peça!

Aplicação e discussão

- Em ironia, as pessoas comentam que a maioria dos cristãos é "binitariano", deixando de fora o Espírito Santo. Por que você acha que é tão fácil negligenciá-lo, mesmo nas igrejas?
- Você já orou diretamente ao Espírito Santo? Pondere sobre essa questão ou a discuta com outros. Como se sentiu a respeito?
- Em sua opinião, qual a relação, se é que há, da respiração com as coisas espirituais?

Deixe de lado a autoconsciência e o medo social

A autoconsciência corrói a consciência de Deus.

Grande parte do que estamos abordando neste livro repousa no desenvolvimento do permanecer, em aprofundar o sentido da presença do Senhor. A autoconsciência retira o holofote sobre Deus e os demais, colocando-o sobre nós. Apenas dê uma atenta olhada para o mundo de hoje!

Em muitas igrejas, em ocasiões especiais, as crianças vão à frente e cantam para a comunidade. Por que isso é tão revigorante para a congregação? Porque as crianças são menos autoconscientes. Pelo menos uma delas mostrará o umbigo enquanto cantar. Outro menino irá acenar freneticamente para os seus pais. Elas cultuam e louvam a Deus da maneira que gostaríamos, porém perdemos tal capacidade e naturalidade em algum ponto da nossa jornada cristã.

Mesmo Jesus afirmou que devemos nos tornar como crianças se desejamos andar no poder do Reino de Deus. As crianças são gigantes espirituais. Por quê? Um fato, pelo menos, é a desinibição delas em termos de comportamento e pensamento.

Portanto, de onde vêm todas as nossas "inibições"? Em geral, elas surgem durante a adolescência. À medida que a nossa consciência sobre o mundo ao nosso redor cresce, durante a pré-adolescência nos tornamos dolorosamente conscientes de nossa própria vulnerabilidade. Percebemos quão dependentes somos da apreciação dos outros. Isso leva a uma excessiva reflexão e verificação de tudo o que dizemos e fazemos, bem como, claro, de nossa aparência. Esta última, quase que totalmente ignorada antes, ganha uma suprema importância.

Para os pré-adolescentes que atravessam essa difícil montanha emocional, os mais jovens, bem como os mais velhos, aparentam ser pateticamente inconscientes de si mesmos. A última coisa que esses pré-adolescentes desejam é serem vistos com seus bitolados pais no shopping.

A maioria de nós consegue superar essa fase narcisista da vida, porém a autoconsciência tende a recaídas, tal como uma severa gripe de verão que teima em não ir embora de vez.

Há uma pergunta que gosto de fazer a mim mesmo quando me sinto assim: "Estou sendo mais exigente comigo do que sou com as demais pessoas?" E a recorrente resposta é um sonoro "sim!" Definitivamente, podemos ser os nossos piores críticos.

A temporada de trajes de banho está apenas começando, enquanto estou aqui sentado, digitando, em uma cidade litorânea. As prateleiras das lojas anunciam com enorme estardalhaço: "Nós ajudaremos você a disfarçar os defeitos de seu corpo!" Minha esposa confirma que comprar um maiô é uma das experiências mais angustiantes para a maioria das mulheres quando o verão se aproxima.

Mas quando você está experimentando aquele traje de banho, olhando-se no espelho, pergunte-se: "Olho para as outras pessoas tão detalhadamente quanto estou olhando para mim agora? Eu recriminaria os outros pela minha forma física atual?" Claro que não. Se o fizesse, você precisaria de ajuda, além deste livro.

Ser benevolente com você mesmo constitui uma das melhores maneiras de superar o ferrão da murmuração. Eu julgaria severamente alguém que se parece, fala e age como eu? Você merece tanta benevolência quanto concede aos outros.

E, acima de tudo, a autoconsciência realmente o torna menos popular. Ela envia sinais de narcisismo que, em geral, são interpretados pelos outros como presunção de sua parte. A verdade é que você é o oposto do que parece ser, mas é exatamente o que está telegrafando. Os outros passam a evitá-lo, o que reforça a sua autoconsciência, sua baixa autoimagem. Um círculo vicioso se instala, e isso pode solapar a sua capacidade de experimentar alegria.

No entanto, o efeito mais nocivo da autoconsciência é um inexistente ou estagnado relacionamento espiritual com Deus. Ficamos tão obcecados conosco em relação aos outros, que não conseguimos sair e ouvir a voz do Criador.

Assim, quebre esse círculo de alienação dos outros e de distanciamento de Deus. Como? Seja gracioso com você mesmo. Trate a si mesmo assim como trata as demais pessoas. Encurte as distâncias.

Deus o acha tão valioso a ponto de morrer por você. Você foi criado de modo assombroso e maravilhoso, um milagre biológico e espiritual, cheio de sonhos e visões. Essa benevolência para com você mesmo irá abrir a intimidade e amizade com os outros, assim como os céus, de modo que lhe seja possível desfrutar da alegria do Senhor.

A maior parte de sua autoconsciência negativa pode evaporar em apenas alguns dias. Só seja mais condescendente com você.

Aplicação e discussão

- Quando você se sentiu mais embaraçado? Se a lembrança não for muito dolorosa, compartilhe com os outros uma situação embaraçosa, porém engraçada, que vivenciou.

- Por que muitos voluntários na igreja preferem trabalhar com crianças em detrimento do ministério de adolescentes?
- Por que pessoas com autoconsciência negativa, em geral, erroneamente, são vistas como presunçosas?

Permaneça livre

A liberdade é o seu estado natural de ser. Fomos criados livres e iguais. A Declaração de Independência dos Estados Unidos afirma, em sublime prosa, que você foi dotado pelo seu Criador com o inalienável direito da liberdade (em adição à vida e à busca pela felicidade).

Ninguém pode controlar a sua alma. Os tiranos podem cercar você com arames farpados ou colocá-lo na prisão. Mas eles não podem controlar o seu pensamento.

Nossa liberdade não nos foi concedida por algum governo terreno. Não foi concedida pelo "voto" da maioria. A Bíblia afirma que "onde está o Espírito do Senhor, ali há liberdade" (2Co 3.17).

A liberdade é seu direito de nascença. *Inalienável* significa que, ao contrário de uma propriedade, ela não pode ser vendida, destruída ou descartada. Ela faz parte de seu mais íntimo ser. Mesmo que você seja aprisionado, ainda assim a sua mente e alma permanecerão livres.

Portanto, viver livremente não é algo que se alcance ou adquira por obras. É o seu estado natural na presença de Deus. Podemos perder a noção disso e vivermos como se isso não fosse verdade – no sentido da queda –, mas a liberdade é um dom concedido pelo Criador a todo ser humano.

Uma alegre espontaneidade com o Senhor pode ser o mais elevado nível da existência humana. Como citado anteriormente, o propósito supremo do homem é cultuar a Deus e desfrutar de sua presença para sempre.

O Salmo 119.45 exclama: "Andarei em verdadeira liberdade, pois tenho buscado os teus preceitos." A palavra "preceito" possui profundas raízes no latim *praeceptum*, ou seja, literalmente, "definido antes do tempo". Os princípios que guiam as coisas, como a gravidade e a velocidade da luz.

Lembra-se da aula de geometria? Passávamos a maior parte do tempo construindo provas. Euclides, que inventou a geometria como a conhecemos, reduziu todo o pensamento e a razão a postulados, axiomas e teoremas. Os anteriores não eram prováveis, apenas autoevidentes. Os posteriores eram suposições, que transformamos em fatos ao iniciar com os postulados e, depois, desenvolvendo-os em teoremas. Passo a passo. Preceito por preceito.

Euclides acreditava – e jamais sua crença foi reprovada – que todo o sistema de pensamento (incluindo-se a ciência) é baseado em, pelo menos, cinco ou mais postulados (preceitos), que podem ser abordados apenas pela fé. Eles formam o alicerce para a construção de todo e qualquer sistema de pensamento na terra, de visões políticas a ideias para novos remédios. Não existe um sistema de fé "apenas fato". Fé é requerida dentro de certos preceitos.

Dessa forma, se você deseja andar em liberdade e alegria, um grande ponto de partida é confiar em preceitos sobre o poder e o propósito de Deus, sobre sua bondade e seu amor por nós. Além disso, amar a liberdade é amar as pessoas e não tentar controlá-las.

A Bíblia é um livro escrito sobre tal alicerce. Portanto, quanto mais tempo eu passar com os autores bíblicos (Isaías, Paulo, rei Davi, Moisés), mais os preceitos deles se tornam os meus preceitos. Uma casa com "seus alicerces na rocha", conforme afirmou Jesus (Mt 7.25).

E tanto mais andarei em liberdade e alegria.

Não é possível ter um único pensamento sem escolher alguns postulados. Qualquer um requer alguma dose de fé da sua parte. Eles são, por definição, impossíveis de provar, embora pareçam ser autoevidentes.

Por que não escolher o melhor?

Aplicação e discussão

- Quantos de seus preceitos pessoais você pode citar? Todos nós os temos, pelo menos subconscientemente. Tente trazê-los à tona e escrevê-los. Com base em que declarações de fé você construiu a sua cosmovisão?
- Se nascemos livres, por que muitos vivem escravizados?
- Observe os tiranos da história, os faraós e os Hitlers. Por que eles temiam tanto a liberdade?
- De que maneiras o seu país respira ares de maior liberdade que no passado? De que maneiras somos menos livres?

Capítulo Cinco
O SEGREDO DO INVESTIMENTO

Este segredo está relacionado à autodisciplina, que leva ao investimento na vida (sua, de outros, da comunidade).

Na história, há o registro de algumas sociedades extremamente disciplinadas, entre elas os romanos e os vitorianos, que se tornaram responsáveis por muito da civilização atual do planeta durante as suas respectivas épocas de florescimento.

Obviamente não estamos mais em tais tempos e não quero retratar um quadro severo demais, pois sou um otimista e acredito que diversas coisas boas estão acontecendo no mundo. Porém vemos mais decadência do que disciplina no cenário atual. "Nossos corações se tornaram obesos" ecoa nos salões da história e se encaixa perfeitamente aqui e agora.

A disciplina é uma forma de investimento social e também nos beneficia ao longo do caminho.

Assim, nós temos que nadar contra a correnteza para cultivarmos uma disciplina pessoal em meio a esta geração indolente da história humana. Como já foi feito antes, podemos fazê-lo novamente. Veja como...

Cumpra os seus votos

Anteriormente, neste livro, descrevi algumas zonas proibidas a serem evitadas na vida. Vamos considerá-las de uma forma positiva, ver o outro lado da moeda, por assim dizer.

Positivamente falando (sem "não farás" neste segmento), devemos cumprir as nossas obrigações. É uma questão de cumprir os nossos compromissos e atender às nossas responsabilidades.

Agora, como pessoa inserida nessa cultura um tanto quanto decadente, você pode estar sendo tentado a parar sua leitura aqui mesmo e ir assistir a algum esporte ou concurso de calouros na televisão. Mas insisto no convite para continuar lendo e ver os benefícios, a você mesmo e aos outros, de uma vida disciplinada e cumpridora de suas promessas.

Vamos falar sobre casamento, que corresponde a vivenciar uma promessa.

Mantenha os seus votos de matrimônio. Se já fez essas promessas em público, você estabeleceu uma aliança com outra pessoa que permanecerá vigente até a morte de um dos dois. Com os casamentos apresentando taxas de 40% a 50% em que, pelo menos, um dos cônjuges decide *não* manter essa promessa, é preciso questionar a nossa força de vontade e disciplina como sociedade.

A vida conjugal jamais foi fácil. Existem casais "incompatíveis" que parecem viver em um escorregador contínuo, colocando para fora, a plenos pulmões, toda a alegria e êxtase em sua descida.

Contudo, na realidade, o casamento nem mesmo é sobre o amor romântico ou emoções. "Eu sinto algo por você" não o leva longe na vida conjugal. O matrimônio tem a ver com a promessa pública. Ouço muitas pessoas dizendo que não precisam de um pedaço de papel (o que tecnicamente é verdadeiro) para ter um relacionamento. Entretanto, não se trata de possuir um pedaço de papel ou não. O casamento tem a ver com a promessa pública e com a necessidade da bênção e do suporte das testemunhas, pessoas com as quais vocês conviverão como um casal.

Se as hipotecas tivessem a mesma taxa de "mortalidade" dos casamentos (40%-50%), então todo o sistema bancário teria que ser rearranjado. Por que não consideramos mais seriamente essas inaceitáveis taxas de divórcio?

Todo casal passa por períodos de esfriamento daquele sentimento amoroso, de tempos em tempos. Contudo, a promessa feita permanece em vigência tanto nos bons tempos quanto nos maus (para o melhor ou para o pior).

Aqui reside a grande questão. Aquela promessa feita é maior que o seu problema como casal?

Para os que permanecem casados, a resposta é sim.

Minha esposa e eu nos casamos durante uma noite chuvosa e fria de 1982, em Tacoma, Washington. Nós nos conhecemos no clube de recreação externa de nossa faculdade e, recentemente, redescobrimos os tipos de atividades que, a princípio, nos aproximaram. Acabei de chegar de um pernoite com ela em um acampamento.

Eu me sentia tão animado para sair com ela ontem à noite em *motorhome* quanto quando fizemos o mesmo, só que com outro veículo, três décadas atrás. Por quê? Por causa dos sentimentos? Não. Por causa da aliança que tem nos mantido juntos durante os tempos bons e os ruins – e tem havido muito de ambos.

Como pode uma promessa fazer essas coisas?

Porque, diante de 150 pessoas, à luz de candelabros, afirmei, por meio de meus votos, que Wendy é a única enquanto ambos estivermos vivos. Ela fez o mesmo em relação a mim. Isso foi tatuado em nossa alma naquele mesmo dia. Assim, todos os dias, eu não apenas acordo ao lado de uma mulher chamada Wendy, mas desperto ao lado da mulher da minha promessa, com quem estabeleci uma aliança. A mesma que acampou comigo ontem.

Nossa canção sempre foi *I Only Have Eyes for You* (Eu só tenho olhos para você), de Art Garfunkel, que é como a trilha sonora da promessa. Estivemos nas montanhas, algumas semanas atrás, no condomínio de amigos, e fomos a um piano-bar, por recomendação desses amigos, localizado em uma magnífica construção. Conversamos com o talentoso tecladista do bar, durante uma de suas pausas, e ele nos perguntou qual era a "nossa canção". A sua interpretação jazzística da música encontrou ressonância em meu próprio ser. A aliança.

O casamento não depende de nós dois. Nós é que dependemos da promessa, e nossa intenção é mantê-la. E essa promessa continua rendendo dividendos em termos de companheirismo, calor humano, lealdade e alegria.

Aplicação e discussão

- Em sua opinião, quais são algumas razões pelas quais muitos casamentos estão em risco hoje em dia?
- Por que você supõe que haja tamanha relutância, nesta geração, em casar-se e formar famílias?
- Quer seja casado, quer não seja, o que você pode fazer para apoiar os casamentos ao seu redor?

Assuma a responsabilidade na vida e na comunidade

Minha esposa e eu estávamos observando alguns pelicanos que voavam sobre nós na praia hoje. Ela chamou a minha atenção para o fato de eles voarem em formação de "V", enquanto esquadrinham a costa, em busca de comida.

Um pássaro assume a liderança na ponta da formação, até se cansar e, então, voar à última posição. Cada ave assume um turno. O bando caça e pesca junto, girando em um elegante mergulho espiral em direção à água e engolindo o peixe inteiro antes mesmo de as pobres vítimas identificarem o que as atacou. Eles, então, circulam para cima até retomarem a formação anterior e voarem acompanhando a costa.

É maravilhoso observar o projeto do Criador nessas poderosas aves.

Porém tenho observado algo sobre os seres humanos ao longo das últimas décadas: cada vez menos pessoas se dispõem a voar na ponta da formação.

Por exemplo, muitas igrejas têm se transformado em grandes complexos de entretenimento, onde é possível esconder-se por anos a fio sem ser solicitado a servir ou liderar. E conseguir voluntários tem sido uma árdua tarefa.

Lembro-me dos tempos em que eu era apenas um garoto crescendo em uma pequena igreja nas montanhas de Idaho. Quando alguém falecia, as mulheres daquela comunidade se agrupavam em uma formação, como os pelicanos, com apenas uma palavra dos pastores ou do conselho. Refeições para a enlutada família eram organizadas e servidas, bem como um almoço era realizado após o funeral. Semelhante ao modo como os pelicanos voam e pescam, tudo isso acontecia natural e organicamente. Quando alguma mulher se cansava, ela ia para o fim da escala e outra assumia o papel de assistir a família nas refeições necessárias.

Certa mãe em nossa congregação sofreu um colapso mental. Naquela mesma tarde, a igreja já tinha removido os seus muitos filhos e os abrigado (por meses) com amorosas famílias. Uma das filhas ficou conosco e até mesmo veio nas férias visitar os nossos avós.

É triste constatar quão pouco essa dinâmica dos pelicanos é vista nas igrejas. Como também é extremamente difícil conseguir voluntários para qualquer atividade. E quanto a convidar pessoas para alçar voo e assumir a extremidade do "V"? Quase nunca há respostas para isso, mesmo naquelas congregações maravilhosas como a que estamos frequentando atualmente.

O mesmo ocorre em nossas comunidades locais. Refugiamo-nos em nossos pequenos sítios suburbanos, usando o controle para abrir as garagens e, em geral, sem nem mesmo conhecer os nomes de nossos vizinhos mais próximos. Ser responsável por pessoas que nem mesmo conheço? É melhor ver a programação do canal de filmes.

Parte disso é a ausência daquele espírito de alegria colegial. As nações chamam isso de senso de patriotismo. Agora não estou falando sobre chauvinismo (ou seja, o meu país é melhor que o dos outros, assim vamos às guerras!). Refiro-me àquela lealdade simples e amor pela nossa igreja, comunidade e nação. Escolha expressar alegria, em vez de negativismo e criticismo, quando elas forem mencionadas.

Esse sentimento nos lembra que o grupo coletivo – o bando de pelicanos – possui um valor real, não apenas em si mesmo, mas também diretamente a nós como indivíduos.

Comece orando a Deus para lhe conceder uma alegria especial por sua igreja, a sua comunidade local e seu país. Você não tem que concordar com tudo o que eles dizem, nem acreditar que eles são melhores que outras comunidades. Porém eles são o bando de pelicanos ao qual você pertence.

Certa vez, flagramos um solitário pelicano que havia se perdido dos demais. Ele estava à procura dos outros. Sem eles, aquele pelicano sentia-se menos confiante, seguro e valorizado. E sua vida podia ter menos alegria.

Permaneça junto ao bando. Contribua com o voo de pesca de seu bando de pelicanos. De tempos em tempos, a ave-líder se fatigará e irá se posicionar atrás de você. Assim, em algum momento, nada haverá à sua frente além do céu (e bater de asas logo atrás).

Não se restrinja. Não se sinta inseguro. Voe. E lidere.

Aplicação e discussão
- Você acha que voluntariado e liderança são coisas do passado ou é otimista quanto à melhora da atual situação? Por quê?
- Faça a distinção entre patriotismo destrutivo e construtivo. Qual a diferença?
- De que maneiras as pessoas criticam as suas igrejas, comunidades e países como uma desculpa para não se envolverem?

Separe "tempo desperdiçado" de descanso e recreação
"Hoje à noite, vou vegetar em frente à televisão."

Por inúmeras razões, essa é uma péssima ideia:

- Provavelmente você consumirá tantas calorias (cadê as batatinhas e o refrigerante?) quanto já consumiu durante o dia.
- Você conversará muito pouco, se tanto. Caso alguém esteja sentado ao seu lado, você estará, de fato, conectado a essa pessoa?
- Há grandes programas na TV que estimulam a mente e expandem a alma. Você já os viu no topo da audiência? Este é o meu ponto. Grande parte da programação é altamente dispensável.

- Assistir à programação esportiva não faz de você um fã de esportes, pois estes praticam esportes. Acompanhar alguém jogando uma partida não constitui um grande problema. Porém permitir que o esporte se transforme no foco emocional de sua vida, sim.
- Há uma lenta e gradual influência de moral questionável que irá prejudicar a sua vida de formas concretas, caso passe grande parte de seu tempo em frente à televisão. A programação irá forçá-lo a uma direção contrária ao vetor deste livro.

Muito do entretenimento oferecido é pura perda de tempo, não podendo ser considerado como recreação, celebração ou descanso.

A re-creação (observe a palavra) deve nos curar e estimular. Atividades físicas, pintura, jardinagem, envolvimento ativo com o mundo natural etc.

Celebrar é festejar. De uma forma positiva. Em determinados trechos dos Evangelhos, parecia que Jesus ia de uma festa a outra. Algumas etnias são realmente exemplares na arte de celebrar, reunindo todo o clã ao redor de carnes assadas e uma bola de futebol. Porém, em geral, estamos perdendo a nossa capacidade de celebrar de forma regular com as pessoas que nos cercam. As gerações mais antigas fazem isso melhor que as mais novas, pois estas parecem ter perdido a aptidão para festejos. Não constitui uma grande surpresa que os colegiais se percam em uma frenética farra quando ingressam na faculdade. Isso é consequência de terem crescido com um déficit de celebração.

O descanso é ordenado por Deus:

- Descansar não é desperdiçar o tempo (assistir à programação barata ou a esportes).
- Descansar não é trabalhar.
- Descansar não é recrear-se.
- Descansar não é celebrar.

Descanso é descanso, é se desconectar, aprender a estar em paz com você mesmo, com Deus e com as demais pessoas sem precisar fazer ou dizer algo o tempo todo. Creio piamente que grande parte do estresse ao qual estamos submetidos, e que leva a doenças de todos os tipos, é causada por uma quase absoluta ignorância sobre como descansar.

A Bíblia afirma que o "sábado" (um dia de descanso) foi feito por causa do homem, e não o homem por causa do sábado. É o único dia da semana que Deus considera tão seriamente. Ele o colocou na sua lista dos dez mais, os Dez Mandamentos: "Lembra-te do dia de sábado, para santificá-lo" (Êx 20.8).

Quando Wendy, meu filho Lars e eu vivemos na Alemanha, quase tudo fechava aos domingos. Somente postos de gasolina e hospitais permaneciam abertos. Cortar a grama ou utilizar ferramentas elétricas era totalmente recriminável. Essa nação freneticamente ocupada e superprodutiva obrigou-se a uma parada por semana. Isso foi nos idos de

1980 e pode ter mudado hoje, mas era algo maravilhoso em muitos níveis. O descanso era culturalmente apoiado.

Quando eu cursava a faculdade, cumpri um rigoroso período sabático da sexta-feira à noite até o sábado à noite (assim como os judeus), já que eu sempre tinha que trabalhar aos domingos. Durante esse descanso, nem um único livro foi aberto, por quatro anos. Sem dúvida, foi o período mais produtivo da minha vida. Firmemente acredito que você pode executar mais trabalho em seis dias do que em sete.

Contudo, a maioria de nós está totalmente desacostumada com o verdadeiro descanso. Tornamo-nos im-pacientes (observe a palavra).

Talvez leve algum tempo para cultivar a capacidade de descansar, mas, se não nos fosse possível, Deus jamais teria dado essa ordem, em primeiro lugar. Até mesmo o Criador permitiu-se um dia de descanso após criar todas as coisas.

Descansar por um dia (um sétimo da semana) é comparável ao dízimo (dar um décimo de sua renda). Isso o obriga a confiar que Deus irá cuidar de sua produtividade e provisão.

Sei que quando descumpro o descanso semanal, o faço, em geral, por medo de que Deus não irá compensar o trabalho que não estou fazendo. Manter o descanso semanal, como o dízimo, é uma disciplina espiritual que intensifica nossa fé e poder.

Antes de tudo, saiba o que o descanso é e o que ele não é.

Uma vez que você tenha compreendido, estará a meio caminho. Tudo o que tem a fazer é render-se ao descanso do Senhor. Todas as semanas.

Aplicação e discussão

- Quão confortável você se sente com relação a um descanso sem entretenimento e improdutivo? Descreva qualquer inquietação que tenha na vida.
- Em sua opinião, por que algumas pessoas tornam-se tão apegadas a questões menores na Bíblia, porém ignoram totalmente a ideia de um descanso semanal?
- Quais são seus dois ou três passatempos mais prazerosos, inúteis e sem valor? Pode imaginar-se desistindo de um deles imediata e permanentemente? Como isso pode ser um substituto para o verdadeiro descanso ou recreação?

Mantenha as suas promessas

Todos nós achamos que mantemos nossas promessas e que, basicamente, somos pessoas honestas. No entanto, os psicólogos nos dizem, com provável precisão, que a ansiedade sobre cumprir promessas difíceis pode nos ter levado a mentir aos nossos pais, pela primeira vez, quando ainda éramos crianças pequenas.

Portanto, como podemos ser melhores na disciplina de fazer e de cumprir promessas? Queremos ser pessoas com uma legítima reputação de honestidade. Eis aqui algumas dicas para você começar:

- Inicie por determinar-se a chegar aos compromissos sempre no horário marcado. Esta é uma das poucas promessas mensuráveis, de modo que é possível ver progressos e obter encorajamento com eles. "Chegarei às 8 horas" significa 8h, e não 8h25. A Bíblia diz que se Deus pode confiar em nós nas pequenas coisas, então seremos confiáveis nas grandes. Chegar a tempo é uma forma física de manter uma promessa, além de honrar aqueles com os quais o compromisso foi assumido. Isso demonstra que você valoriza o tempo deles. Um primeiro passo fácil a ser adotado.
- Evite a desculpa de fazer pouquíssimas promessas. Nós podemos, em nossa pequena e legalista mente, dizer a nós mesmos: "Jamais serei um descumpridor de promessas se nunca prometer nada." Então podemos sempre justificar-nos com: "Bem, nunca prometi especificamente..." As crianças dizem isso em tom choroso. Podemos fazer melhor que isso. É impossível ser um mantenedor de promessas sem nunca fazê-las. Tampouco aprenderá a disciplina de cumpri-las.
- Por outro lado, evite igualmente fazer muitas promessas. Vamos contar a verdade uns aos outros agora mesmo. Muitas vezes nós dizemos *sim* às pessoas apenas para quebrar a nossa palavra mais tarde. Por que dizemos *sim*, em primeiro lugar? Para nos livrarmos daquela pessoa. Para agradá-la.

Apenas para dizer o que o outro desejava que disséssemos. Na verdade, jamais tivemos a intenção real de cumprir aquela promessa. Faça somente as promessas que realmente pretende cumprir. Dizer *não* às pessoas quando elas lhe pedem coisas que você sabe, de antemão, que não irá fazer, exigirá disciplina de sua parte.

- Reconheça as exceções. Jamais cumpra uma promessa quando, de forma imprevista, cumpri-la irá prejudicar pessoas ou a você mesmo. "Eu tenho que cumprir aquela promessa" pode lhe trazer muitos problemas. Na Bíblia, Jefté fez um voto tolo que custou a vida de sua única filha. Saiba quando é preciso abrir mão do cumprimento da promessa. Isso não ocorrerá com frequência, porém é de suma importância que o faça.

- Evite exagerar em sua promessa. Não é preciso "jurar sobre a Bíblia". Muitos votos inflamados escondem um problema real. De fato, tais atitudes dramáticas, em geral, angariam para si mais dúvidas do que confiança. Como Jesus afirmou: "Seja o seu 'sim', 'sim', e o seu 'não', 'não'; o que passar disso vem do Maligno" (Mt 5.37).

- Não permita que a falta de confiança nas pessoas evite você de fazer alianças com elas. As estatísticas mostram que as pessoas que confiam em desconhecidos, que lhes dão o benefício da dúvida, costumam ir além na vida e obtêm mais dinheiro. Agora, se uma pessoa de sua confiança o prejudicar, então não há obrigação de confiar até que ela mereça novamente. O perdão depende de você. A reconciliação depende das duas pessoas. Confiança? Após a pessoa quebrá-la, caberá a ela recuperá-la, e não a você. Assim, é possível perdoar alguém que o traiu sem precisar, no entanto, dar-lhe a chave de sua casa ou de seu cofre.

Dessa forma, cultivar um caráter mantenedor de promessa (e a reputação que o acompanha) demanda alguns passos simples, começando por cumprir os horários e terminando em confiar em desconhecidos.

Você é capaz disso. Eu garanto.

Aplicação e discussão
- Narre uma história sobre uma mentira que você contou quando criança. Que pressões o levaram a mentir?
- Como a desconfiança em pessoas que você não conhecia bem lhe custou muito na vida? De que maneira confiar em desconhecidos pode ser uma boa ideia?
- Qual a diferença entre perdão, reconciliação e confiança? Quanto controle você possui sobre cada um?

Mantenha-se fisicamente em forma

Muitos gastam rios de dinheiro em diversos equipamentos para ginástica que, com o tempo, acabam virando meros cabides. Os Estados Unidos se tornaram um país molenga e obeso. Ontem, sentado em minha cadeira de praia, ao lado de Wendy, observamos um grupo de mulheres se reunindo para um grande piquenique, com muitas idas e vindas à nossa frente, transportando bebidas e comida sobre a areia fofa.

A maioria parecia ser da nossa idade, e havia dois tipos de corpos: em forma e fora de forma. Uma vez que estávamos na praia, era mais difícil para elas cobrirem tudo com eficiência e elegância. As mulheres em boa forma física apresentavam certa firmeza em seus quadris, o que complementava uma postura acima da média, e toda a mecânica daqueles corpos denunciava que havia um constante trabalho neles. As demais, em má forma física, pareciam desconfortáveis, com seus desajeitados pés, sem saber direito onde pisar naquele irregular terreno de areia branca, enquanto sopravam e bufavam, tendo nas mãos uma caixa de isopor.

O nível de atividade física delas estava nitidamente estampado em seus próprios corpos.

De fato, a equação é muito simples. Comemos em demasia e não somos ativos o suficiente. O corpo humano funciona melhor quando está subalimentado e sob regulares e razoáveis, porém vigorosos, desafios físicos.

Em qual dos dois grupos você deseja passar as próximas décadas? Em forma ou fora de forma?

Assim como no cultivo de um caráter cumpridor de promessas, vamos começar de modo lento e gradual. Nada de dietas radicais ou programas de exercícios complexos. A verdade é que viajamos e comemos muito fora. Então manter um monástico regime de baixas calorias por longo tempo torna-se inviável.

- Pare de abrir a geladeira após o jantar. Essa é a bomba de calorias sobre a qual não pensamos muito. Na realidade, nos transformamos em uma sociedade que agora faz quatro refeições ao dia. Isso é excessivo. Ter fome é positivo. É um sinal de que seu corpo está queimando gordura.
- Reduza as refeições quando comer fora. Além de economizar dinheiro, é a única defesa contra as enormes porções normalmente servidas hoje. Banquetear, uma grande alegria da vida, pode ser permissível, de vez em quando, porém regularmente comer em um restaurante pode ser igual a uma farta ceia de Natal algumas vezes por semana. Se você tiver o costume de comer fora, mas não adotar medidas drásticas para diminuir o consumo de alimento, irá engordar rapidamente. É chocante saber a quantidade de calorias presente no café da manhã de um típico restaurante americano. É caloria suficiente para satisfazer a maioria dos adultos durante o dia todo. Ao viajar, limite-se a uma refeição fora, por dia. Compre alimentos alternativos para as demais refeições.

- Pare de usar o carro para percorrer curtas distâncias. Compre uma boa, sólida e confortável bicicleta, com para-lamas para os dias de chuva, um cadeado com combinação e luzes. Com esse equipamento disponível, você será menos tentado a trapacear e pegar o carro. Eu ando de bicicleta quase todos os dias, não como exercício recreativo, mas como meio de transporte na cidade em que vivo. Não preciso me preocupar com o tráfego ou com um local para estacionar. Via de regra, os meus hóspedes se surpreendem quando saímos para jantar. Eles seguem à direita, direto para o carro. Eu sigo à esquerda, em direção ao centro. "Nós vamos a pé?", perguntam, com voz surpresa. "Claro. São apenas algumas quadras." Na próxima vez que for escolher um apartamento ou uma casa, use como critério a facilidade de alcançar alguns destinos a pé. Esqueça aquelas casas em locais afastados, que demandem carro para se chegar a qualquer lugar.
- Use as escadas. Por força do meu trabalho, visito muitos hospitais. Até o quarto andar, sempre utilizo as escadas, para subir ou descer, exceto quando estou acompanhado. O mesmo com respeito a garagens. O ato de subir escadas faz trabalhar os maiores e mais fortes músculos localizados na parte inferior de seu corpo, queimando muitas calorias. E não compre uma casa no térreo "para quando eu estiver mais velho". Pelo contrário, tenha uma

casa com escadas para que você seja forçado a usá-la muitas vezes ao dia enquanto envelhece.

- Consuma alimentos que lembrem o que Deus realmente criou para nós. Vá até uma loja de conveniência e observe como é difícil reconhecer grande parte do que é oferecido para consumo como alimento real. De guloseimas a batatas com sabor artificial. Quanto menos processado for o alimento, melhor para o seu corpo. Estamos apenas começando a compreender as dúzias de fitoquímicos presentes em alguns alimentos, como maçãs e tomates, especialmente benéficos para o nosso organismo. Benefícios que você não encontrará nas batatas fritas.

- Considere a possibilidade de ter aulas de ginástica com um profissional. Um programa de exercícios feito por conta própria, mesmo sendo aluno de uma academia, tende a diminuir e desaparecer. E os DVDs para exercícios em casa terminam naquela gaveta de inutilidades que nunca mais abrimos. Deixamos o exercício de lado em virtude de nossa agenda lotada e nos desacostumamos. Minha esposa faz aeróbica na piscina, e eu me submeto (desagradável desafio) a aulas de pilates, que apresenta centenas de maneiras diferentes de flexionar o corpo. É possível exercitar-se sozinho? Claro que sim. Porém um instrutor profissional nos incentiva a fazer coisas que não faríamos por pura preguiça, caso estivéssemos a sós. Certamente custa mais caro do que a mensalidade de uma academia, contudo é muito menos dinheiro do que pessoas sedentárias cronicamente gastam em tratamentos médicos (diabetes do tipo 2, hipertensão, problemas de articulação etc.). E, se você pagar por esse serviço, não vai querer jogar dinheiro fora.

- Saia de casa mais vezes. Não há tempo ruim que justifique ficar em casa – apenas roupa inadequada. A luz solar é benéfica ao nosso espírito, bem como ao corpo. Claro que é menos confortável que uma sala com ar-condicionado, uma poltrona reclinável e uma enorme TV de tela plana, mas esse não é o ponto. O corpo precisa trabalhar mais para manter a temperatura externa, e isso leva à queima de calorias. Suar em dias quentes elimina toxinas de seu corpo.

Lembre-se das mulheres na praia: em forma e fora de forma. O seu corpo é um templo e, quanto mais for usado, melhor fica.

Aplicação e discussão

- Você já percebeu como todos eram magros nos filmes antigos? Compare a visão das crianças atuais enfileiradas durante uma visita ao zoológico com as crianças de sua época de ensino fundamental. Cite duas ou três razões pelas quais nos tornamos uma sociedade tão obesa.

- Que percentual de suas calorias é consumido após o jantar? Inclua cerveja e vinho. Esta é a sua refeição mais saudável do dia?
- O que ocorreria na sua vida se você dobrasse a quantidade de alimento que se parece com o que Deus criou e cortasse pela metade o consumo de alimento processado? Seja específico.
- Que atividade física você aprecia, em especial? Como pode praticá-la mais?

Lide com a distração

O tempo, ao contrário do dinheiro, é um empregador igualitário. Você e Bill Gates dispõem da mesma quantidade de segundos para gastar todos os dias. Porém, em uma sociedade pródiga em distrações como a nossa, nada é mais difícil de disciplinar que o gerenciamento do tempo.

O mundo ao nosso redor buzina, grita e ressoa, tentando atrair a nossa atenção. Todos parecem querer algo de nós, o tempo todo. Os meses passam de modo veloz, e jamais dispomos de tempo para os projetos importantes que necessitam de maior atenção e foco.

As décadas passam a galope, cada qual mais rápida que a anterior, como se estivéssemos acelerando a toda velocidade em direção a um inevitável muro da morte. Não existe um jeito melhor de desacelerar as coisas ao longo do caminho, de modo a transformarmos o impacto final em uma suave *batida*?

Algumas pessoas são diagnosticadas com TDAH (Transtorno do Déficit de Atenção com Hiperatividade), porém a verdade é que toda a nossa sociedade sofre com o déficit de atenção. Assim como com a saúde física, há alguns passos simples e extremamente úteis que podem ser adotados. Vamos começar aos poucos.

- Use um relógio de pulso. A geração mais jovem tem o hábito de consultar as horas no celular, abandonando os relógios de pulso. O que há de errado nisso? Além da hora, a tela do celular também informa quantas mensagens temos recebido, além de outras (nem sempre úteis) informações. Quarenta minutos mais tarde, tendo como intenção original apenas verificar as horas, já jogamos em nossos celulares, nos entretemos com o Twitter, vimos algumas fotos de nossos amigos no Facebook e verificamos a previsão do tempo para o fim de semana. Se estivesse usando relógio de pulso, você teria retornado ao que estava fazendo em cinco segundos, e não em quarenta minutos.
- Desabilite as notificações de mensagem em seu celular ou computador. Você não precisa de um aviso para sair do que está fazendo toda vez que alguém lhe envia uma mensagem. Verifique a sua caixa de entrada de uma forma programada e intencional. Você é que deve controlar as suas comunicações, não o contrário.
- Faça um planejamento semanal, não diário. A semana é um sagrado espaço de tempo, concedido

a nós não pela astronomia (dias, meses, anos), mas pela Bíblia, como um período de atividades de seis dias, seguido por um dia de descanso. Durante a Revolução Francesa, a liderança decidiu adotar um mês com três semanas, cada qual constituída de dez dias, para simplificar o calendário. O povo se revoltou e trouxeram de volta a semana de sete dias[1] – adequada aos nossos ritmos naturais de produtividade. Se você tentar cumprir tudo o que está em sua lista de atividades diárias, terminará indo para a cama com um sentimento de derrota e frustração por causa daquilo que não conseguiu fazer. Por outro lado, a agenda semanal pode permitir adequações nas atividades. A sua elaboração demanda uma sessão de planejamento semanal e a disciplina para executá-la. Em geral, superestimamos o que podemos fazer em um dia e subestimamos o que pode ser feito em uma semana. Então descanse e comece novamente.

- A sua agenda não é tão lotada que não lhe permita orar. No mínimo, a oração é uma rota de fuga. Você necessita de uma dessas saídas de emergência com todo o cascalho e placas amarelas a interromper a desenfreada descida do caminhão de sua vida montanha abaixo, no dia a dia. Mesmo se você não for particularmente espiritual, faça isso em benefício próprio. Respire. Reflita. Reequilibre-se!

---

1 O Calendário Revolucionário Francês: https://pt.wikipedia.org/wiki/Calendário_revolucionário_francês.

- Evite o serviço de alvenaria. Podemos passar anos no que eu chamo de ambicioso assentamento de tijolos, ou seja, a tentativa lenta e paulatina de chegar a algum lugar na vida. Isso equivale a trabalhar horas extras, em uma atividade remunerada por hora, a fim de ficar rico. Jamais dará certo. Você já conheceu alguém que enriqueceu fazendo hora extra? Claro que não. Tais pessoas aproveitaram-se das oportunidades quando elas surgiram. O mesmo se aplica ao tempo. Trabalhamos continuamente em algo, na esperança de que, algum dia, esse algo se torne grande, mas esse dia nunca chega. Esforço crônico e inútil. Jesus explicou que não deveríamos tentar nos sentar à cabeceira da mesa (onde talvez sejamos enviados de volta), mas nos sentarmos, bem preparados, ao fundo, prontos para sermos chamados. A chave é estar em um bom lugar espiritual, preparado para as oportunidades. Então, quando surgirem, você estará pronto a agarrá-las e capitalizar. Pense a respeito do processo de conseguir um emprego. Todos nós já ouvimos sobre pessoas que se sentaram à frente do computador e enviaram milhares de currículos e nada receberam em resposta. Por outro lado, ouvimos sobre pessoas que, por acaso, no avião, sentaram-se ao lado de alguém que lhes propiciou a oportunidade profissional de sua vida. Chamo esse esforço trivial e cansativo de "assentamento de tijolos". Seja menos ambicioso em seus esforços, porém mais aberto a oportunidades que possam estar além de tudo o que você jamais imaginou. Enquanto isso não acontece, cumpra as suas promessas, obrigações e deveres. Controle o seu peso e desenvolva as suas maiores habilidades e dons. Sua hora chegará.

Aplicação e discussão
- Quais ferramentas para gerenciamento de tempo têm funcionado com você? Quais falharam, e por quê?
- Como o esforço e o contínuo "assentamento de tijolos" aparentam ser usos produtivos de seu tempo, mas, na realidade, trabalham contra você?
- Considere comprar um novo relógio, ou baterias novas, ou reparar os que você já possui. O que aconteceria com a sua vida se você verificasse o celular com menos frequência?
- Que hora de sua semana seria o melhor momento para você planejar a semana seguinte?

Proteja os fracos e menos afortunados
Se você for forte, em qualquer sentido, significa que foi designado a ser um protetor. As crianças, aqueles que são menos afortunados, os mais vulneráveis, bem como muitos idosos, necessitam da sua proteção.

Aqueles, dentre nós, que são fortes possuem dois caminhos que podem ser trilhados: o do abusador ou do protetor e provedor. Quanto menos focarmos no desenvolvimento de protetores em nossas comunidades, tanto mais os fortes tenderão a assumir o papel de abusadores.

Tornamo-nos tão igualitários que hesitamos em afirmar o mais forte por sua força. Todos nós somos igualmente valiosos, porém nem todos nós somos igualmente fortes.

Isso pode não ser politicamente correto, porém é verdadeiro. A maioria dos abusadores é do sexo masculino. Contudo, nos sentimos cada vez menos confortáveis em discorrer sobre a força masculina. Um homem médio possui 40% mais força na parte superior do corpo que a sua contrapartida feminina. Ele é mais alto e mais pesado. Não há mulheres jogando entre os homens nos diversos esportes coletivos, não devido à discriminação, mas pelo simples fato de não serem fortes o suficiente, no âmbito físico, para jogar em igualdade de condições contra homens. Minimizar essa diferença física tem levado a uma ausência de orientação quanto ao que fazer com esse poder físico masculino. Assim, alguns pais, clérigos e outros predadores encontram outras saídas para as suas destrutivas agressões. Apenas explicando, porém não justificando.

"Eu não preciso da proteção de um homem!", você pode protestar. Tudo bem. Entendo e reconheço o seu valor e a sua força como mulher. Talvez você não precise, porém muitos, sim. Na pequena cidade onde cresci, se um homem maltratasse a sua mulher, o chefe de polícia sutilmente deixava transparecer que estava indo para o outro lado da cidade e que não interferiria no que estava prestes a ocorrer.

Os homens mais fortes da cidade iriam ter uma conversinha com o agressor em algum local ermo. Costumávamos chamar isso de conversa atrás do barracão. Tratava-se de uma intervenção informal, porém efetiva. Lembro-me de testemunhar um desses "diálogos" pela fresta de uma cerca de madeira. Forte linguajar masculino era utilizado. O agressor protestava e se colocava na defensiva, mas era silenciado rapidamente por aqueles que o cercavam. Raramente a intimidação física se fazia necessária. A mensagem era clara. Mantenha as mãos longe dela ou nós o deteremos.

Claro que mulheres fortes também são necessárias. Elas têm estado no centro de praticamente todos os esforços organizados em favor da justiça social na história dos Estados Unidos. Caminhe nos recintos de qualquer hospital moderno ou universidade. Em geral, há um quadro no corredor, próximo às placas com os nomes dos doadores e fundadores. Nele, não é raro notar desgastadas fotos em preto e branco retratando algumas mulheres, em um terreno cheio de lama e tendo ao fundo alguns tocos de árvores cortadas, com uma delas segurando uma pá. As mulheres, trajando saias longas e camisas com babados, com os cabelos presos no alto da cabeça, não estão sorrindo. Elas olham direto para você, por meio de uma foto de 150 anos, e você nem pensa em se colocar no caminho delas. O progresso da saúde e da educação neste mundo seria impensável sem a impetuosa atuação dessas fortes mulheres.

Não podemos abdicar do cuidado e proteção aos mais fracos e menos afortunados, transferindo a responsabilidade totalmente ao governo. Aqueles dotados de capacidade precisam assumir a responsabilidade pessoal de garantir alimento, cuidado e proteção a todos. Temos lançado mão de coerção (impostos forçados) para providenciar cuidado às pessoas quando isso deveria ser uma ação voluntária. O serviço deveria ser a própria trama entretecida na educação de nossos filhos. Serviços forçados ressentem-se da falta de amor. Contudo, o serviço voluntário desenvolve a compaixão e a sabedoria.

Na era dourada de Amsterdã (século XVII), os líderes de um pequeno grupo de cidadãos estratosfericamente ricos (você pode vê-los retratados nas caixas de charutos Dutch Masters) competiam entre si, cada qual visando a realizar mais trabalhos diretos de caridade que os demais. Eles erigiram e sustentaram alguns dos mais refinados edifícios da cidade, como orfanatos, que podem ser visitados até os dias de hoje. Construíram pequenos apartamentos para viúvas e mulheres pobres que circundam belíssimos jardins.

Você pode argumentar: "Bem, eu não sou um dos fortes." Entretanto, sempre há alguém mais fraco a necessitar de seu auxílio. Um bebê, uma criança, uma vítima de derrame em uma casa de repouso, um veterano incapacitado.

E a mensagem de Jesus não poderia ter sido mais clara: "O que vocês fizeram a algum dos meus menores irmãos, a mim o fizeram" (Mt 25.40).

Aplicação e discussão
- Por que este é considerado um tópico difícil? Por que a força masculina é um assunto tido como tabu?

- De que maneiras os impostos e os programas sociais são uma fonte de caridade pessoal?
- As pessoas mais ricas de sua comunidade, munidas de uma caneta, poderiam eliminar a pobreza ao seu redor. O que impede isso, na maioria dos casos?
- Como você pode modelar a vida de pessoas jovens e fortes de modo que cresçam protetores, e não abusadores?

Capítulo Seis
O SEGREDO DA ABUNDÂNCIA

Abundância. Viver além de um contracheque ao outro. Todos nós ansiamos por isso, porém, às vezes, nos sentimos culpados por desejá-la ou escondemos o nosso anseio por progresso financeiro em uma gaveta separada de nossa fé e vida espiritual.

Em algum recôndito de nosso íntimo, ficamos com a impressão de que, se fôssemos levar Jesus a sério, provavelmente deveríamos abrir mão do excelente emprego que temos ou do rentável negócio que gerenciamos, teríamos que vender nossa casa, liquidar com nossos investimentos e, quem sabe, até mesmo retirar todo o nosso dinheiro do banco. Depois, ir até o centro de desabrigados local e dividir nossos recursos com os residentes. O que nos impede de fazer isso? Egoísmo?

A verdade é que, se todos nós fizéssemos isso, a economia mundial seria bem menos produtiva e mergulharíamos em uma grave recessão, com extrema pobreza e fome.

Você foi criado para ser produtivo e generoso. Ocupe seu lugar nesse projeto. Seja remunerado por seu trabalho. Sirva o Senhor, ajudando-o a manter este mundo girando.

Mantenha uma mentalidade de abundância

Mick Jagger estava errado. Sua icônica canção *You Can't Always Get What You Want* (Você não pode ter sempre o que quer) tem feito mais para promover a mediocridade, a pobreza e a escassez do que a maioria das pessoas imagina.

A Bíblia é clara ao afirmar que o plano do Criador para nós é que tenhamos mais do que necessitamos, para que possamos ser doadores, assim como Deus (2Co 9).

Não apenas o que necessitamos, porém mais.

Não para acumularmos ou armazenarmos em celeiros, mas para que coloquemos nossos bens para trabalhar a serviço de Deus e das pessoas.

Outro dia, tomei café com um jovem rapaz que estava ganhando menos do que seu potencial possibilitaria. De um modo genuíno e franco, ele me confidenciou que "não precisava de muito, apenas o suficiente para sobreviver".

Foi como se pudesse ouvir, em minha mente, a voz de Mick Jagger entoando aquela canção como fundo musical das palavras daquele rapaz.

Veja, parece soar humilde e espiritual quando se diz "menos para mim". No entanto, o que se está dizendo é: "Quero participar o mínimo possível da magnífica abundância deste mundo e não confio em mim mesmo para assumir a responsabilidade de administrar mais recursos, como um mordomo de Deus."

Quando perguntei àquele jovem se aquilo não era egoísmo da parte dele e expliquei-lhe o que queria dizer com minha questão, ele experimentou um momento de virada em sua vida. Desde então, sua família, sua liderança e sua vida vocacional têm passado por grandes avanços. Acredito, de todo o meu coração, que ele está no caminho de se tornar um grande líder comunitário, algum dia.

A nós, foram concedidos o domínio e a tutela sobre os enormes e generosos recursos deste planeta. Porém alguns dentre nós preferem ser meros locatários. Na verdade, possuir uma diminuta pegada econômica, quando seria possível uma maior, é uma clara abdicação da autoridade e da responsabilidade que nos foi outorgada.

Quero deixar bem claro que não estou defendendo nenhuma forma de consumo desenfreado, ou chancelando a enferma teologia do tipo "declare e reivindique". As pessoas que mais admiro possuem casas e carros confortáveis, porém de custo modesto, dirigem empresas honestas com bons salários que sustentam muitas famílias, contribuindo constantemente para as suas causas, igrejas e ações sociais favoritas.

Se Deus nos abençoou com saúde, inteligência e força, entre outras coisas que podem nos fazer progredir, recursos que podemos multiplicar, por que nos contentarmos com algo aquém do que o Senhor nos permite ter?

Não são poucas as pessoas que chamam a sua preguiça e o seu egoísmo de humildade. Quando conseguimos enxergar a responsabilidade que temos diante do Deus que nos dotou com recursos e talentos, nos empenhamos para sermos os mais destacados em tudo o que fazemos, pois desejamos, acima de qualquer coisa, glorificar a Deus e amar as pessoas que ele ama.

Já não passou da hora de tirar Mick Jagger de sua cabeça e expandir a sua visão quanto ao que o Senhor pode pedir-lhe em prol de sua divina causa?

Aplicação e discussão

- Por que razão, para muitas pessoas, aqueles que produzem humildemente e usam menos parecem ser mais espirituais que os outros?
- De que maneira a noção de que somos mordomos de tudo o que recebemos de Deus, surpreendeu você?
- Você já se sentiu atraído a um estilo de vida menos produtivo? De que maneira o egoísmo poderia estar envolvido nesse desejo?

Torne-se um gerador

Você foi designado a jardinar, no melhor e mais amplo sentido dessa palavra. Esse era o plano A de Deus para a humanidade, no livro de Gênesis.

Observe essas palavras:

- Gênesis
- Gerar
- Gerador
- Generoso
- Geração
- Regeneração

Todas elas possuem uma raiz comum, um profundo significado de *produzir*.

A Bíblia é clara quanto ao fato de sermos *geradores* de valor e abundância para o compartilhamento de todos. Uma das melhores maneiras de definir trabalho é agregar valor. Quanto mais valor eu acrescento, mais próspera a sociedade se torna.

Esquadrinhe a Bíblia de ponta a ponta e você não encontrará a palavra *aposentadoria*. A nossa responsabilidade de deixar as coisas melhores do que quando as encontramos é a essência da jardinagem. Nós agregamos valor ao planeta.

Auxiliamos no florescimento do deserto. Procure ver uma foto do território de Israel tirada de algum satélite. Dez vezes mais seres humanos têm se estabelecido naquela área, no último século. O resultado? O que costumava ser uma terra árida e infértil é, agora, um viçoso e verdejante selo postal no seco e amarelado envelope do Oriente Médio. Faz parte da nossa natureza gerar, semear e cultivar a vida.

Existem mais árvores na América do que havia cem anos atrás. Parte disso é devido ao fato de termos trazido espécies de todas as regiões do mundo, aumentando a biodiversidade da nossa nação, tornando nossas florestas mais robustas e resilientes.

Em sua essência, a atividade econômica consiste em obter materiais que encontramos, compramos ou recebemos e retrabalhá-los em algo mais valioso, trocando-o por crédito para se viver ou investir em nosso negócio.

Para fins de subsistência, eu faço uso de uma gigantesca educação (que tive a bênção de receber) e reaplico os antigos textos bíblicos na linguagem original em formas que agregam valor à vida das pessoas hoje. Esta obra é nada mais, nada menos que isso. Você recomenda este livro a outra pessoa e sua ação duplica o valor desta obra para a sociedade.

Tudo se resume a descobrir uma necessidade e satisfazê-la. Se você for do tipo menos criativo, encontrará alguém que necessita de um trabalhador. Se for mais imaginativo, começará um negócio que irá atender a uma necessidade que percebeu na sociedade. Assim, o mercado livre é, na verdade, baseado no serviço. Todo aquele que agregar o maior valor para as pessoas obterá o maior lucro. Essa é a maneira pela qual a nossa sociedade recompensa os mais produtivos dentre nós.

Jesus afirmou que, se desejamos ser o maior, precisamos ser servos de todos. Isso, meu amigo, se aplica perfeitamente ao mundo dos negócios.

Pense como a comunicação se desenvolveu na geração passada. Grande parcela do crédito pode ser dada a Bill Gates e Steve Jobs, que democratizaram a informação e a comunicação, tornando-a acessível a todas as pessoas. Suas empresas foram ricamente recompensadas por esse serviço, e tais recursos são, até os dias de hoje, aplicados por suas companhias, fluindo por intermédio de dezenas de milhares das nossas mais criativas mentes, ou seja, os seus empregados.

Acabei de passar por enormes vigas de aço direcionadas ao alto do que será, em breve, um grande empreendimento imobiliário. Andrew Carnegie vislumbrou como aperfeiçoar e produzir, em grande escala, vigas de aço em forma de "I" pelas quais praticamente todo construtor poderia pagar. Isso alterou a face da construção humana e a edificação de estruturas. Ainda jovem, ele juntou tanto dinheiro (mais do que Gates ou Jobs poderiam imaginar em dólares de hoje), agregando esse estupendo valor, que passou décadas de sua vida tentando compartilhá-lo com a construção de bibliotecas e salas de concerto onde fosse possível.

A economia do mundo é como um enorme circuito elétrico. Acrescente voltagem a ele. Não seja apenas um dreno no sistema. Ao fazer isso, você será abençoado e também irá abençoar a outros.

Aplicação e discussão

- Em geral, as pessoas se aposentam cedo e vivem assim por décadas. Como esses anos podem ser mais bem aproveitados? O que seria um total desperdício desse período de aposentadoria?
- Faça uma distinção entre ficar rico por meios escusos ou por ganância de um lado, e por meio de ações de serviço e valor agregado, do outro. Quais as diferenças?
- O que você fez que acrescentou o maior valor de voltagem ao sistema econômico mundial?

Seja generoso

Vamos considerar outra palavra iniciada com *gen*, generosidade.

A princípio, parece contraditório, porém generosidade produz mais riqueza do que a ganância.

Quando Wendy e eu fizemos o aconselhamento pré-conjugal, no início dos anos 1980, nosso pastor, o Reverendo Cliff Ponnikas, sugeriu que abríssemos mão de 10% de nossa renda e vivêssemos com os 90% restantes. Achei que ele estava louco. Juntos, recebíamos apenas 550 dólares por mês, trabalhando em empregos de meio período e estudando. Aqueles 55 dólares mensais pareciam uma pequena fortuna, à época.

Mas o pastor foi tão convincente que decidimos confiar e arriscar. Vivenciamos anos de sólidos ganhos, no início dos anos 2000, contudo, na maior parte do tempo, obter uma elevada renda não tem sido a maior prioridade para nós. E a abundância (ter mais que o necessário) tem nos acompanhado por toda essa longa jornada de mais de três décadas de vida conjugal. Fomos capazes de assinar um cheque de valor considerável como entrada por nossa primeira casa, em 1993, pois, pela primeira vez até aquele ponto, ganhamos 20 mil dólares em um único ano. Além disso, em nenhum momento precisamos fazer um empréstimo bancário para adquirir um carro.

Como isso funciona? Dar 10% (também conhecido como dízimo) constitui um ato de generosidade intencional e estruturado. Isso o força a buscar a abundância por meio de viver com menos do que a sua renda total. E doar 10% de uma forma disciplinada e regular desenvolve um senso de riqueza e abundância em sua alma. Se você dispõe de dinheiro suficiente para abrir mão de parte dele, então começa a se sentir abundante e, mesmo com uma renda baixa, rico. Toda vez que você assina um cheque ou faz uma transferência eletrônica para doação, a sua identidade de benevolência e prosperidade é reforçada em seu íntimo.

Direcionamos o nosso dízimo à igreja, mas, na verdade, não importa o destino de sua doação. Isso funciona para pessoas de todas as religiões ou sem religião alguma. É como a lei da gravidade que atua sobre todas as pessoas. A generosidade produz um sentimento de abundância. Este, por seu turno, cria abundância real, porque as nossas circunstâncias, ao longo do tempo, tendem a alinhar-se com o nosso caráter e nosso temperamento.

O grande benefício colateral de dar o dízimo, ou ser generoso especificamente, em geral, é um quase surpreendente sentido da presença de Deus. Então, de onde vem e o que provoca isso?

Bem, como mencionamos em outra parte deste livro, Deus é um doador. Doar não é apenas o que ele faz, mas isso descreve a sua própria identidade. Por meio dos atos de generosidade, nos alinhamos com o caráter de Deus. Estamos passo a passo com ele. Torna-se fácil comunicar--se com alguém, ou com o Senhor, quando há alinhamento entre nós.

Assim, caso esteja se sentindo distante de Deus, discipline-se a uma vida de generosidade e você se descobrirá trilhando o mesmo caminho que o próprio Deus. De certa maneira, dar é uma das coisas mais divinas que podemos fazer.

Igualmente, a generosidade alinha o nosso coração com os objetos de nossa doação. O texto bíblico afirma que "onde estiver o seu tesouro, aí também estará o seu coração" (Mt 6.21). Iniciamos por investir a nós mesmos nas causas que apoiamos financeiramente. Isso nos torna mais benevolentes e, com o passar do tempo, pessoas menos narcisistas e socialmente mais atraentes.

Ocasionalmente tenho sido abençoado em estar na companhia de alguns célebres doadores. Eles se procuram e, com frequência, participam de conselhos de iniciativas sem fins lucrativos, de ação social e benemérita, bem como de ministérios. A rede de reciprocidade entre esses "amigos da benevolência" mais que compensa qualquer doação financeira que façam. Eles confiam uns nos outros em negócios e investimentos lucrativos porque sabem que seus parceiros são doadores de caráter ilibado.

Comece a pensar e agir com generosidade e você poderá acabar ao lado de incríveis companhias.

Por ora, entretanto, considere ser um dizimista. Não há caminho mais libertador do egoísmo e da avareza do que isso. Embora ninguém deva ofertar dinheiro a Deus pensando no retorno, os resultados se multiplicam com o tempo.

Isso também forçará você a sair do cheque especial, que se torna um obstáculo ao dízimo, já que complica a equação. Quando você está pagando juros, é como se estivesse tentando encher a banheira com o ralo aberto. O débito é causado não por viver com 90% de sua renda, mas por viver acima de seus rendimentos. É mais difícil sair de um gasto maior do que o ganho do que sair do zero. Com o débito, começar a ser dizimista demanda uma transformação total de mentalidade. Se começar a dizimar ainda cedo em sua vida, como nós, isso pode se tornar um poderoso obstáculo contra a tentação de consumir mais do que se ganha, em primeiro lugar.

Aplicação e discussão
- Cite duas ou três razões que impedem as pessoas de praticarem a generosidade, em geral, ou de serem dizimistas, em particular.
- Quem é a pessoa mais generosa que você conheceu? O que mais atraía nele ou nela?
- Como você aconselharia alguém a sair do vermelho de maneira que pudesse ser dizimista? Essa pessoa deveria começar a dizimar apenas quando equilibrasse as suas finanças?

Obtenha o máximo das falhas
Eu amo esquiar na neve, em especial nas montanhas de San Bernardino, que atingem quase 2,5 mil metros acima da bacia de Los Angeles, onde moro. Quando comecei com

essa nova obsessão, alguns anos atrás, eu estava conversando com um estranho no teleférico sobre a minha primeira tentativa de esquiar no *halfpipe*. As suas palavras de conselho, enquanto subíamos rumo ao pico nevado, são inesquecíveis: "Se você quer mesmo aprender a esquiar no *halfpipe*, tem que estar disposto a cair de cara no chão."

Isso é tão verdadeiro na arte de esquiar quanto na arte de viver.

Gastamos tanto tempo tentando manter todos felizes e evitando os erros, que perdemos muitas oportunidades valiosas. Quem quer passar o resto da vida pensando, "seria, poderia, deveria"?

Portanto, agora, sempre que esquio no *halfpipe* e começo muito cauteloso ou receoso, digo a mim mesmo: "Talvez eu caia de cara na neve, mas isso é totalmente aceitável." O *halfpipe* não está lá para assegurar o menor número de erros possível. Se almejasse isso, jamais tentaria esquiar lá. O propósito daquela estrutura em "U" é fazer o esquiador sentir aqueles segundos de gloriosa ausência de peso, no ponto mais alto, antes de a gravidade puxar para baixo até a curva da chamada transição.

O mesmo é verdadeiro com relação à abundância. "Eu espero não perder dinheiro" é um caminho reto em direção a uma vida de escassez. Em uma de suas parábolas, Jesus adverte duramente aquele que "teve medo, saiu e escondeu o [seu] talento no chão" – mesmo o que ele enterrou lhe é tirado, e ele acaba sem nada (Mt 25). Claro que devemos ser cuidadosos e prudentes com nossos recursos, porém "não perder dinheiro" é uma terrível declaração de missão para um negócio, família ou um indivíduo. É como entrar para o time de futebol da escola esperando não sofrer nenhum ferimento ou lesão. Nesse caso, você nem mesmo deveria vestir o uniforme. É muito mais seguro.

A maioria das pessoas mais abastadas que conheço experimentou pelo menos uma grande derrocada na vida. A chamada "cratera fumegante". Em geral, tais pessoas vivenciaram dois ou até três fracassos. Os negócios falharam, elas declararam falência, foram enganadas por um dos sócios, uma fábrica foi totalmente consumida pelo fogo, envolveram-se em infrações tributárias ou perderam uma grande causa civil... O mesmo se aplica à política. Dois dos mais admirados estadistas no mundo de língua inglesa, Abraham Lincoln e Winston Churchill, sofreram quedas devastadoras, por repetidas vezes. Tudo o que lembramos é das vitórias que eles obtiveram.

Tais geradores, em geral, refazem o caminho de volta em menos de dois anos. Suas circunstâncias negativas nem mesmo arranharam a capacidade que eles possuíam de produzir valor, pois tal qualidade tinha origem no mais íntimo deles.

Pessoas com recursos abundantes estão dispostas a cair de cara no chão, porque pensam com elas mesmas: "Se eu gerei essa riqueza antes, posso gerá-la novamente – e, dessa vez, mais rápido e melhor, porque tenho me tornado mais sábio com o tempo." Elas compreendem como oferecer serviço e agregar valor em grande escala, bem como sentem que pertencem ao grupo dos grandes produtores, e essa confiança os leva de volta a tais círculos. Tais pessoas confiam em sua capacidade de gerar.

Não estou aqui sugerindo que você jogue a cautela pela janela e faça alguma loucura. Use o seu bom senso e tenha temor de Deus. Apenas não deixe passar grandes oportunidades que talvez cruzem o seu caminho por causa do risco envolvido. Uma das coisas mais arriscadas que você poder fazer é somente permanecer no caminho que está trilhando agora.

Um pássaro na mão nem sempre vale mais do que dois voando. Ninguém que pensa dessa maneira já produziu grande riqueza e valor para a nossa civilização ou para suas famílias. Não vale a pena arriscar por dois voando? Pode haver dezenas de pássaros voando...

A falha não é fatal.

Aplicação e discussão

- Você tem se tornado mais cauteloso com o passar do tempo? Um pouco de cautela é questão de bom senso, porém o que leva pessoas de mais idade a se tornarem excessivamente precavidas a ponto de reduzirem seus mundos a tamanhos diminutos?
- Conte uma história sobre alguém (talvez a sua própria) que retornou de um grande fracasso melhor que nunca.

- Em que área da vida você deixou passar possíveis bênçãos porque adotou uma atitude de "Não quero me machucar"?

Descubra o verdadeiro descanso

Ao cumprimentar os discípulos após a sua ressurreição, Jesus usou a expressão "Shalom Aleichem", ou seja, "a paz seja convosco".

Os israelenses dizem *shalom* antes de encerrarem suas conversas telefônicas. Vamos analisar essa palavra sob um microscópio.

Paz constitui apenas uma parte do que a palavra significa. Na verdade, o termo *shalom* apresenta três componentes principais:

- Tranquilidade interna e paz com os outros.
- Saúde, vitalidade e longevidade – "Le Chaim!" é uma expressão que significa "à vida!"
- Prosperidade e abundância.

Assim, se Jesus expressou o desejo de que seus seguidores desfrutassem de todos esses três elementos, quando os saudou com "shalom", então por que ficamos tão nervosos falando sobre cura e, especialmente, sobre prosperidade nos círculos cristãos?

Certamente ambas podem ser ensinadas de maneira equivocada e excessiva. Todos nós temos visto os adeptos da "luta livre cristã" (alguns pastores da TV) que propagam exatamente isso. Porém, por que jogar fora o bebê junto com a água da bacia?

Se Deus é um pai e, de fato, Jesus o chama de Pai, então um bom pai terreno iria desejar que seus filhos fossem doentes ou carentes para que dependessem mais dele? Claro que não! Isso é um tremendo absurdo! E tenho certeza de que nosso Pai Celestial anseia, muito mais que nossos pais terrenos, que tenhamos boa saúde e progresso. Ele não é um Criador sádico que estabeleceu a criação como uma câmara de tortura a fim de moldar o nosso caráter e nos compelir a implorar-lhe uma saída dessa bagunça aqui embaixo...

Portanto, para viver uma boa vida, devemos manter a paz, a saúde e a abundância em equilíbrio.

Fazer fortuna à custa de ganância nos custa a paz com os que nos cercam. O esforço desmedido em busca de dinheiro abala a saúde de milhões. Concentrar-se apenas na paz pode beneficiar a saúde, porém ganhar a vida e desfrutar de abundância, às vezes, significa sair da confortável e tranquila cama e enfrentar a estrada.

Qual das três (paz, saúde e abundância) você tende a negligenciar? No meu caso, em geral, tenho negligenciado o cultivo da paz, o que, ocasionalmente, tem me causado problemas de saúde. Cultivar a paz parece um tanto quanto indulgente e decadente quando há tanto trabalho a ser feito. Contudo, quando paro de cultivar a paz interior por meio da oração, a minha alegria desaparece e a minha produtividade e meus resultados desabam.

Ninguém gosta de uma pessoa mal-humorada e viciada em trabalho. E tais pessoas realizam bem menos do que imaginam.

A alegria é a fonte de toda a produtividade sustentável e independe das circunstâncias. Ela brota da própria substância do que somos como seres intencionalmente criados. Uma vez que tenhamos compreendido a nossa identidade (outorgada por Deus), então as nossas circunstâncias, quer sejam boas, quer sejam más, jamais conseguirão roubar a nossa alegria interior. Por outro lado, a felicidade depende dos acontecimentos. Assim, as circunstâncias podem afetar a nossa felicidade exterior. Quando a Bíblia nos instrui a colocar nosso coração nas coisas do alto, creio que isso significa afirmar e reforçar a nossa origem celestial. Essa é a fonte de nossa alegria, a âncora da nossa alma. Podemos perder a nossa paz, saúde e abundância se atrelarmos nosso bem-estar às circunstâncias em vez de à substância de nossa origem.

A Bíblia afirma que deveríamos prosperar assim como prospera a nossa alma. A abundância começa no íntimo. Assim sendo, quão equilibrada está a sua alma?

Aplicação e discussão

- Qual dos três elementos do triângulo da *shalom* é o mais fraco em sua vida? Paz, saúde ou abundância? Como a fraqueza nessa área afeta as outras duas?
- Como você descreveria a diferença entre felicidade e alegria a alguém que o questionasse a respeito?

Descarte o jogo de soma-zero

Então, o que é um jogo de soma-zero, por que isso importa e como escapamos dele?

Imagine uma pizza. Uma apetitosa e fumegante pizza de *pepperoni*. Grande.

Digamos que há cinco pessoas para compartilhá-la. Alguém lhe entrega o cortador de pizza. Você olha em torno da mesa. Floyd, que jogou futebol americano universitário, precisa se alimentar mais que Betty, uma vovozinha de quarenta quilos. Só uma coxa de Floyd pesa mais do que Betty.

Como você faz a divisão da pizza? Fatias iguais? Ou por necessidade calórica? Ou pela quantidade que eles querem? Em qualquer situação, a divisão dessa pizza é um jogo de soma-zero. Se uma pessoa ganha uma fatia maior, os demais, ou pelo menos um deles, irão ficar com um pedaço menor da pizza, por definição.

Esse é um clássico jogo de soma-zero. Mais para um significa menos para outro.

Provavelmente você já passou por essa situação, em especial se a sua mãe já lhe disse à mesa de jantar, enquanto você olhava com ar entristecido para a couve-flor em seu prato: "É melhor você comer tudo isso. Há crianças famintas na África!" Claro que ela estava querendo dizer que, de alguma forma, você havia tirado a comida que cabia a elas, e que, se não comesse, isso o faria uma pessoa ainda pior. Você, concordando que aquele devia ser um jogo de soma-zero, espertamente retrucou: "Então, manda essa couve-flor de volta para elas!"

No entanto, a economia mundial não é um jogo de soma-zero. Cada vez que você agrega valor a algo, quando poderia não fazer nada, literalmente faz crescer a riqueza do mundo. A pizza fica maior. Por outro lado, destruir propriedades ou recursos valiosos por meio de vandalismo ou guerra reduz o tamanho da pizza.

Tentativas de dividir a pizza igualitariamente (como no comunismo) têm resultado na diminuição da pizza, porque o incentivo (lucro) de produzir melhor valor é removido. Por que deveria trabalhar ou me esforçar mais se eu ganho um pedaço de pizza igual à mulher que dirige uma fazenda coletiva com centenas de empregados?

Exemplos assim forçam a crença de que a pizza permanecerá com o mesmo tamanho. Eles jamais pensam em aumentar o tamanho da pizza. E o que expande a circunferência desse produto quente, aromático e delicioso? Um método tem tido muito mais êxito que todos os outros: permitir que as pessoas, desimpedidas e não indicadas pelas autoridades, descubram suas necessidades e as satisfaçam. Realizar atos de serviço uns pelos outros – providenciar bens ou auxílio – em troca de crédito. Então todos serão recompensados de acordo com o valor que agregaram, e, assim, quanto mais o tamanho da pizza crescer, maior será o pedaço a ser compartilhado por cada pessoa. O mais provável é que você ganhe mais pizza do que é capaz de comer. Se isso acontecer, você pode investir essa porção adicional em algo que faça a pizza crescer ainda mais, ou mesmo dá-la, por benevolência, àqueles que receberam pedaços menores ou que são incapazes de trabalhar (como crianças, idosos, enfermos, portadores de deficiência etc.) A benevolência suscita a boa vontade, e a alegria resultante também aumenta a pizza.

Em essência, Jesus nos mostra em suas parábolas que o reino é como uma semente que germina e se transforma em algo muito maior. Deus não joga um jogo de soma-zero. Em cada maçã, há sementes para aumentar o pomar. Em cada espiga de milho, repousa o potencial escondido de todo um campo amarelado de grãos no outono. Na semente de Abraão, reside o código genético para os povos árabe e judeu, que agora prosperam em centenas de milhões de almas. Deus não faz apenas a pizza crescer. Ele está no negócio de expansão de pizza. O nome do jogo para o Criador é multiplicação. Jesus nos conta outra parábola em que o mestre esperava o retorno não apenas de uma porcentagem da prata que havia deixado para trás, mas a duplicação de sua riqueza.

Pare de tentar obter o pedaço do outro por meios reprováveis. Ou de esperar que o governo o faça por meio da coerção e redistribuição. Vá à luta e contribua para o crescimento da pizza agregando valor ao mundo. Como afirmou John F. Kennedy: "Não pergunte o que o seu país pode fazer por você, mas o que você pode fazer por seu país."

O mundo é abundante. Há fartura para qualquer um que agregue valor por meio de seu trabalho.

E o mais produtivo dentre nós ganha mais do que o suficiente para assegurar o bem-estar dos que são menos afortunados e favorecidos.

No entanto, para que isso aconteça, temos que parar com o jogo da soma-zero e permitir que as pessoas façam a pizza crescer. Qual é a sua contribuição para a abundância do mundo nesta semana?

Aplicação e discussão
- Alguém fica confuso quando você menciona o *jogo de soma-zero*. Como seria possível, sem usar uma pizza como ilustração, descrever isso de maneira compreensível?
- O que pode ser feito para evitar que a política degenere para "Eu voto em candidatos que possam conseguir um pedaço maior de pizza para mim, em detrimento de outros"?
- Os ricos deveriam ser taxados para assegurar o cuidado aos menos afortunados ou deveríamos permitir que os mais ricos descobrissem como dar de modo criativo e estruturar a benevolência por eles mesmos? Podemos confiar no desejo dos mais ricos em doar?

Pense no reino
Jesus ensinou sobre o perdão de pecados e a vida eterna. Entretanto, esse não foi o tronco de seu ensino, mas apenas um ramo, em que pese a sua extrema importância.

A força de sua mensagem foram as Boas-Novas quanto ao reino. Os hebreus usavam o termo *Malkuth*, ou governo. Portanto *Malkuth ha-Shamayim* expressa o *governo do Céu*.

Desse modo, em essência, as parábolas – bem como o ensino – de Jesus e, por extensão, as suas demonstrações de poder eram todas centradas em explicar onde os impulsos celestiais e sobrenaturais (ou seja, Deus) interfeririam no mundo físico. Em outras palavras, como o céu governa a terra?

Uma simples ilustração disso é a oração. Trata-se de uma atividade espiritual e celestial cuja intenção é afetar o mundo físico. Ao orar por sua avó, que foi diagnosticada com câncer e mora em outra parte do país, você está lançando mão dessa influência do *céu na terra* do Reino de Deus.

O Sermão do Monte (Mt 5-7) é considerado o mais sublime dentre o ensinamento de Jesus. E no próprio cerne desse ensino (Mt 6) estão imortalizadas as palavras da Oração do Senhor.

Observe a espiritualidade encontrada nesta joia celestial: "Venha o teu Reino; seja feita a tua vontade, assim na terra como no céu" (v. 10).

O reino (*Malkuth*) não é primariamente algum lugar para onde iremos, mas é aquela força espiritual por detrás de toda a realidade física. Oramos para sua *vinda*.

Até que a terra se pareça com o céu, há trabalho – espiritual ou não – para fazermos. Não importa as opiniões que defenda sobre o fim dos tempos, não há dúvidas, conforme o livro de Apocalipse, que terminaremos aqui, não "lá em cima", em uma renovada e restaurada terra. Os enormes portões, presentes em inúmeras anedotas envolvendo São Pedro e nossa apresentação à recepção celestial, descerão a nós, juntamente com a Nova Jerusalém, não o contrário.

Do mesmo modo, Jesus está tentando nos alertar e nos tornar mais conscientes dessa dobradiça espiritual-física, onde o governo de Deus interfere, dirige como uma sinfonia e controla o reino físico.

No entanto, isso não é tudo. Ele deseja que participemos em sua obra como parceiros. Como afirma o Reverendo Michael Flynn, Deus é viciado na encarnação.[1] Deus ama nos envolver em sua obra. Isso lhe traz grande alegria. Somos máquinas criadoras de realidade onde quer que estejamos. Aparentemente o Criador quer preparar esses seres autoconscientes, somente se eles, por vontade própria, escolherem colaborar com ele, para cuidar e compartilhar do domínio sobre todas as coisas.

Todas as parábolas de Jesus discorriam sobre esse incansável, sutil e, de alguma forma, escondido poder do reino ou governo de Deus. Ele mostrou-se sobremaneira frustrado com seus discípulos quando eles não tinham a fé para ajudar a canalizar e direcionar o poder do reino. "Homens de pequena fé", suspirou um exasperado Jesus, em muitas ocasiões. Ele lhes ensinou que era possível desafiar a gravidade e andar sobre as águas, curar os enfermos,

---

1 Veja www.freshwindministries.org.

criar matéria (alimentar cinco mil homens a partir de uma pequena refeição) e ordenar às montanhas que se movessem. Ocasionalmente eles conseguiram isso, porém não com frequência.

Jesus autodenominou-se a videira, e nós, os ramos, em João 15. Se permanecermos nele, produziremos muito fruto. A fonte de nossa vida e produtividade flui do Pai, por meio de Jesus Cristo, diretamente até nós. E não é a videira que produz fruto, mas os ramos. Somos criados para ser voluntários, não mecânicos ou forçados, relacionais, extensões autoconscientes de sua obra. Esse mesmo poder celestial primário que ressuscitou Jesus dentre os mortos vive em nós. Jesus chamou isso de *Malkuth*.

Depende de cada um de nós aprender sobre ele, reconhecê-lo e livremente escolher dizer *sim* a ele, confiar e permitir que flua.

Até que a terra se pareça com o céu.

Aplicação e discussão

- Você pode frequentar uma igreja por décadas e jamais ouvir o bastante sobre o reino. Por que supõe que isso acontece, se o ensino principal de Jesus é sobre esse reino?
- Você possui fé suficiente para que as suas orações possam ter um efeito real e mensurável sobre enfermidades físicas? O que, caso exista, o está segurando? Jesus lhe diria "homem/mulher de pequena fé"? Por que sim, ou por que não?

- Por que somos obsessivos quanto à contagem de pecados e perdão em nossa relação com Deus e ignoramos nosso papel como canais do poder de Deus na vida daqueles que nos cercam? Isso é narcisismo ou humildade equivocada? Ou outra coisa?

Capítulo Sete
O SEGREDO DA ALEGRIA

A alegria corre em veios muitos mais profundos que sua prima, a felicidade. Os ciclones da vida podem reduzir as delicadas casas de praia de madeira a escombros, porém a alegria adequadamente cultivada pode resistir a toda sorte de tempestades, como uma sólida fortificação de pedras, edificada para suportar a batalha contra o oceano.

A depressão pode ser definida como o déficit, ou mesmo a ausência total, de permanente alegria. Igualmente, a escuridão é apenas a ausência de luz, e a água congela quando não há aquecimento.

Torne a sua alegria completa

Há uma sensação de satisfação que sempre acompanha o abastecimento do tanque do meu *motorhome*. Isso significa que posso viajar cerca de 650 quilômetros sem precisar reabastecer. Um indisfarçável sentimento de independência se manifesta em um leve sorriso.

Sem reabastecimento, eu poderia chegar ao meu amado Parque Nacional Yosemite, dirigir até o território mexicano e ainda circular pelas ruas de Las Vegas, Phoenix ou mesmo (quase!) São Francisco.

Totalmente cheio. Completo. A Bíblia fala sobre a alegria completa.

Deixe-me ajudá-lo a imaginar isso. Os antigos personagens da Bíblia, como o rei Davi, falavam e escreviam em hebraico. Essa língua não tinha tempos verbais (passado, presente e futuro) como conhecemos em nosso idioma. Os seus dois tempos verbais eram o "imperfeito" e o "perfeito", ou incompleto e completo, respectivamente.

Em outras palavras, em vez de falar sobre coisas que já aconteceram ou irão acontecer, os antigos hebreus as viam como completas ou incompletas. Quando Jesus exclamou, do alto da cruz, "Está consumado!", ele estava expressando o sentido completo de seu ministério.

Fé é nada mais, nada menos que olhar para coisas incompletas, inacabadas, imperfeitas e ver (com os olhos da confiança) as mesmas realidades como acabadas, completas e perfeitas. O livro de Hebreus, um texto totalmente adequado a este tópico, começa o capítulo 11 com estas palavras:

Ora, a fé é a certeza daquilo que esperamos e a prova das coisas que não vemos.

Por essa razão, afirmações verbais, em especial aquelas com sólida fundamentação bíblica, possuem tal poder.

- Sou filho de Deus. Ele se alegra em mim.
- Pelas suas feridas fomos curados.
- Tenho a mente de Cristo.
- Posso todas as coisas em Cristo, que me fortalece.
- Buscarei e encontrarei.
- Deus tem um plano para o meu futuro cheio de esperança.
- Sou mais que vencedor por meio de Cristo.
- Nada pode me separar do amor de Deus.
- Ninguém pode me arrebatar das mãos do Pai.
- Seu olhar está até mesmo sobre o pardal; então, quanto mais ele me dará?
- Como o Oriente está longe do Ocidente, assim o Senhor afasta para longe de mim as minhas transgressões.
- Com a minha fé, eu posso mover montanhas.

Afirmações positivas são, em geral, verbalizadas em meio a situações incompletas e ainda em construção, em que parece não haver evidências de um estado "acabado" para as coisas. Inúmeras vezes, Jesus utilizou declarações do tipo "Eu sou" e viveu com base nelas.

Onde está o seu coração? Ele vive na promessa a ser cumprida ou no problema ainda sem solução?

Não estou pedindo que você negue as suas circunstâncias, mas que considere não viver nelas. Nossa cidadania está na esperança, que é uma âncora para a alma. Eu passei por um período extremamente difícil, em 2013. Muitos problemas de saúde (meses de pneumonia), conflitos familiares, cuidados com um parente idoso que sofreu um terrível acidente, enormes desafios profissionais. Perdi a minha alegria porque passei a focar os muitos problemas que estava enfrentando.

Quando chegou o ano de 2014, decidi que ele seria um bom ano. Não havia qualquer evidência de que aquele seria um ano diferente do anterior. Então não esperei pela melhora das circunstâncias antes de declarar em fé, "2014 será um bom ano", já no primeiro dia do ano. Toda vez que alguém me pergunta como estou (o que acontece quase todos os dias), em vez de responder "bem", eu digo "este é um bom ano" e dou um abraço no meu interlocutor (afinal, estamos na Califórnia, e aqui não se economizam abraços). Demorou algumas semanas, porém logo minhas circunstâncias começaram a acompanhar a minha fé. Por volta de maio, algumas reviravoltas já haviam acontecido.

A alegria voltou, e isso não foi o resultado da melhora nas circunstâncias. Simplesmente escolhi que seria assim no primeiro dia do ano, a despeito das muitas evidências contrárias, e decidi viver com base nisso, firmando meu coração na promessa, e não nas tribulações.

A alegria completa não é algo a ser alcançado ou conquistado por meio de muita luta. Antes, é um lugar de partida, escolhido por fé. Uma vez que tenha feito essa escolha, você sentirá o seu tanque espiritual e emocional sendo abastecido. Pode ser até que transborde. "Hoje, eu escolho a alegria" é uma das mais poderosas declarações que você pode verbalizar logo de manhã cedo.

Essa alegria está disponível e livre para se tomar posse. É um dom de Deus. E, como a maioria das coisas boas, é recebida pela fé.

Aplicação e discussão

- Quais afirmações, baseadas na Bíblia, você escolheria para memorizar e verbalizar toda manhã, quando estivesse em frente ao espelho? Escolha ao menos três.
- Como explicaria o sentido hebraico de "acabado e inacabado" no lugar de "passado, presente e futuro" a alguém que lhe perguntasse a respeito? Como isso o conscientiza sobre os desafios envolvidos na tradução de grande parte da Bíblia, escrita em hebraico, para a nossa língua?
- Descubra uma área de sua vida onde Hebreus 11.1 poderia fortalecê-lo. Que coisas inacabadas necessitam de fé para serem completadas?
- Você já memorizou uma declaração de fé sobre você mesmo? Como a repetição regular dessa afirmação, em voz alta, afetaria o seu futuro?

Reconheça os ladrões de alegria

Sempre que estaciona o carro, exceto se viver em uma pequena cidade ou área rural, você trava as portas. O mesmo ocorre com a sua casa quando vai dormir. Por quê? Porque você está estabelecendo um limite de proteção contra aqueles que poderiam roubá-lo.

A Bíblia afirma que "O ladrão vem apenas para furtar, matar e destruir", mas Jesus veio para termos vida, e a termos plenamente (Jo 10.10). Seguidores da fé cristã chamam esse ladrão de *Satanás* ou *Diabo*.

Não estou afirmando que você precisa acreditar em um ser de pele avermelhada, chifres e um tridente, que anda à sua espreita, mas também não precisa viver muito para perceber que o mal, em geral, tem vida própria e até mesmo uma personalidade. Ele nunca se comporta como uma força desinteressada ou apenas como a ausência de bondade. O mal não é somente um padrão aleatório de más escolhas e equívocos. A sua intenção é roubar você. Assim como um ladrão que tenta roubar o ouro do cofre do banco, ele busca roubar a alegria do seu coração.

Privar você de alegria é como fazer cessar o vento de sua navegação emocional e drenar a sua motivação e a sua energia. Este é o plano do inimigo, e, se ele tiver êxito, pode tirá-lo da batalha. Você se torna uma baixa e deixa de ser um fator nesse mundo. Ele não precisa destruí-lo, mas apenas imobilizá-lo.

Estou digitando este texto sentado perto de uma ciclovia na faixa litorânea da cidade de Huntington. Um fluxo constante de pessoas passa por ali. Posso reconhecer, em poucos segundos, quais daquelas pessoas estão imobilizadas. A alegria pode ser vista estampada no rosto, nos olhos e na vibração da pessoa em movimento.

No texto bíblico, lemos que devemos estar sempre prontos para compartilhar a esperança que os outros percebem em nós. Contudo, e se não houver nada para ser visto? Bem, então eles jamais perguntarão, e perderemos a oportunidade de compartilhar as Boas-Novas do Evangelho. Quanto tempo faz desde a última vez que alguém lhe perguntou: "Você transmite muita alegria. Qual é o seu segredo?" Se houver alegria em seu coração, ela estará estampada em seu rosto.

No arsenal do inimigo, a arma mais letal para roubar a alegria é o desencorajamento. Ele coloca nisso um potente tempero emocional e o cozinha tão bem que alguns de nós se tornam viciados nele. Nossa conversa com os outros se resume a um longo e choroso desfile de lamúrias. Como o café ou a cerveja, que a maioria das crianças detesta, o desencorajamento é um gosto adquirido, porém algumas pessoas aprendem a gostar disso e usam-no como uma forma de atrair a atenção e a energia dos outros. Todos nós sabemos como é sentar ao lado de um "lamuriador" em um ônibus ou avião. Quando alguém assim nos liga, colocamos no viva-voz, nos dedicamos a pequenas tarefas domésticas e fingimos que estamos escutando, emitindo um ocasional "ãh, hán" de vez em quando.

A reclamação constante de nossa parte corrói a nossa alma. A fé definha, e nos tornamos cada vez menos atraentes socialmente falando, resultando em solidão, o que, por sua vez, nos propicia um motivo de queixa a mais. Uma vez que o desencorajamento é uma emoção tão potente e tão viciante quanto a cocaína ou a nicotina, aprendemos a gostar dela.

A melhor maneira de curar o desencorajamento é controlar a sua língua. Comprometa-se a não reclamar verbalmente a ninguém hoje. A sua língua é como um leme que controla um grande navio. Mantenha o seu leme sob firme controle, e a embarcação irá seguir na direção pretendida.

A princípio, você vai ficar chocado ao constatar com que frequência tende a reclamar porque a vontade de fazê-lo será quase constante. O mais triste é verificar o quanto diversos cristãos tendem a reclamar em demasia. Algumas reuniões de oração nada mais são do que sessões de queixas com Deus. Não é de admirar que poucas pessoas estejam dispostas a frequentar tais reuniões. Em muitas delas, há menos fé que em uma partida de golfe.

O inimigo usa as constantes queixas dos membros para destruir igrejas, tais como:

- Eu não gosto do louvor. A música é sempre muito alta; muito tradicional; moderna demais; pomposa demais.
- O pastor não prega bem. Ele deveria (preencha como quiser) muito mais. Fico pensando se é possível forçar uma substituição por outro pastor...
- Não gosto do Antigo Testamento. Por que não estudamos o Novo Testamento no próximo domingo?

- Sempre os anúncios do ministério de homens ganham mais destaque? Por que meu ministério não recebe uma atenção igual?
- Onde estão os membros desta igreja? O culto costumava ser muito mais concorrido quando o antigo pastor pregava.
- Obviamente, nosso conselho não liga para missões/jovens/necessitados/crianças/etc.
- Por que não despedem o pastor dos jovens? Sempre pizza e diversão. Nunca há um estudo bíblico decente. E a maioria dos jovens nem mesmo é desta igreja.
- Se não acertarem o orçamento, eu não vou mais contribuir.
- Ouvi que muitas pessoas estão bastante contrariadas com (preencha como quiser), e provavelmente irão deixar a igreja.
- Sempre ela é escolhida para os solos. Por que nunca sou escolhido? Eu mereço uma oportunidade.
- A nossa denominação está teologicamente errada. Não dá mais para continuarmos.
- Algo foi encontrado quebrado? Devem ter sido os jovens. Vamos colocar uma placa proibindo o uso de skates.
- Aquela igreja de imigrantes que utiliza o nosso salão aos domingos à tarde sempre deixa uma enorme bagunça para trás.

- Tudo acaba caindo nas minhas costas. É quase impossível conseguir voluntários nesta igreja.

A igreja deveria ser um lugar no qual não apenas a alegria está presente, mas onde ela é amplificada. Portanto, a linguagem positiva deveria ser priorizada e protegida.

Então, levando isso em consideração, o primeiro ponto a ser abordado, tanto em grupos quanto individualmente, é com respeito ao linguajar. Frases de queixa e lamentação devem ser banidas de seu vocabulário cotidiano. Lentamente, você perceberá o barco mudando de direção e assumindo um curso direto para o sol de alegria.

Aplicação e discussão

- Que área de sua vida é mais prejudicada pelo desencorajamento?
- Com que grupo de pessoas (família, trabalho, amigos, escola, igreja etc.) você passa a maior parte de seu tempo? Como é o clima verbal? Predominantemente queixoso? Notadamente encorajador? Como você pode mudar a cultura verbal desse grupo?
- Em sua vida, que tipo de fala negativa seria mais difícil de controlar? Xingamentos? Reclamações? Fofocas?
- Verbalmente, você é tão inflexível com os outros como é com você mesmo? Pense em maneiras de tratar-se tão bem quanto trata os demais.

Derrote o dragão do medo e da ansiedade

A preocupação é um pecado. A Bíblia nos ordena a não andarmos ansiosos por coisa alguma, mas apresentar os nossos pedidos a Deus com ações de graça. A grande maioria de nossas inquietações apresenta-se sob duas formas: medo financeiro e/ou insegurança social.

O dinheiro pode não ser a raiz de todos os males (1Tm 6.10 afirma que o *amor* ao dinheiro é que é), mas parece ser a raiz de todas as preocupações. Essa ansiedade sutil sobre nossa imagem ou valor, mesmo quando é profunda a ponto de não a percebermos conscientemente, pode influenciar muitas, se não todas, as nossas grandes decisões e atitudes.

Isso ocorre comigo quando grandes e inesperadas despesas ou necessidades financeiras (ar-condicionado, aquecedor de água, mobília), grandes reparos (casa ou carro) e outros custos elevados (despesas com viagem para visitar um parente enfermo etc.) surgem ao mesmo tempo. Entendo matemática o suficiente para entender que tais despesas irão diminuir o nosso patrimônio líquido familiar, uma vez que não podemos pagá-las com a nossa renda regular (que é destinada para as despesas mensais normais, dízimo e seguro). A sensação é de estar retrocedendo, pois sei que a essa altura da minha vida eu devo estar aumentando o meu capital, e não o dilapidando. Esse tipo de contratempo, em geral, eleva sobremaneira o meu nível de ansiedade.

E não é preciso muito conhecimento sobre economia e política pública para reconhecer o jogo financeiro que o governo faz conosco. Em termos de apostas, eles representam a banca – e a banca sempre ganha. Não sou um conspirador e creio que o governo, em geral, é bem-intencionado. Contudo, também sei que a inflação é intencional, da parte deles; que ela corrói a nossa renda, nossas economias e nossos investimentos, bem como permite ao governo pagar seus débitos com dinheiro mais barato. É uma taxa, uma contínua transferência de riqueza, que passa despercebida pela maioria das pessoas. Os preços não sobem. O valor do dinheiro, proposital e gradualmente, cai. Essa pode ser uma daquelas situações "a ignorância é uma bênção". Acho que agora eu é que contribuí para elevar a sua ansiedade. Peço-lhe perdão por isso.

No entanto, olhando para trás, vejo como o Criador tem suprido a mim e a minha família em cada etapa da jornada. E aquele que começou a boa obra em nós irá completá-la. A ansiedade financeira já contribuiu para aumentar o meu patrimônio? Claro que não! Quando estou operando em alegria é que a minha renda se fortalece.

Outro medo primário se expressa na insegurança social. Veja se você se identifica com algumas das frases abaixo:

- Os meus filhos adultos me tratam bem apenas porque estão interessados na herança? No subconsciente, eles desejam que eu morra?
- Por que aquela pessoa sempre quer ter a última palavra quando estamos conversando? Na hierarquia da vida, estou posicionado ao final da cadeia?
- Será que o meu cônjuge já me traiu? Eu acho que não, mas...

- E se aquela fofoca na máquina de café for uma tentativa de provocar minha demissão?
- Sou masculino (ou feminina) o suficiente?
- A próxima avaliação do meu desenvolvimento no trabalho será outra sessão de humilhação.
- Eu deveria honrar os meus pais, mas o problema é que eles me enlouquecem.
- Será que há algo pouco atraente em mim, socialmente falando, que ainda não percebi?
- Se eu parasse de procurar meus amigos, será que alguém desistiria de mim? Quem?
- Por que ninguém riu da minha piada? Como eu me recupero antes do jantar?

Quando o nosso tanque está cheio de alegria até a boca, não há espaço para tais pensamentos. Valendo-se do vácuo de alegria, tais sentimentos crescem em um tanque vazio. A alegria, quando direcionada às pessoas, é chamada de amor. Will Rogers acreditava que jamais havia conhecido alguém de quem não gostasse. Quando nosso amor é resultante da abundância de alegria, em vez de ser apenas por dever ou obrigação, a insegurança social desaparece como a neblina da manhã de um dia quente de verão. Quando amamos as pessoas, nem pensamos em que posição nós estamos na escala de afeição delas.

A alegria atrai a abundância financeira, bem como a prosperidade social e emocional. Mantenha o seu tanque bem cheio o tempo todo.

Aplicação e discussão

- Qual é o seu maior medo financeiro? Como esse medo influencia as suas decisões? Esse sentimento já resultou em aumento de produtividade e abundância? Então, por que nos preocupamos?
- Qual é o seu maior medo social? Veja na lista anterior se você precisa tratar de algo.
- Por que é tão difícil sentir amor genuíno pelas pessoas ao mesmo tempo que sentimos uma ansiedade social estando entre elas? Como a ansiedade nos impede de amar genuinamente?

Declare a falência da culpa e da vergonha

A causa do sentimento de culpa e de vergonha é simples. Você está vivendo no passado.

Bem, eu poderia deter-me em minúcias mostrando as diferenças entre culpa e vergonha, porém essas duas emoções certamente estão entrelaçadas uma à outra, e, para o propósito deste capítulo, usarei as duas sem distinção.

A não ser que você esteja bem no meio de um pecado intencional enquanto lê isto (o que é pouco provável), a culpa é sempre sobre o passado.

Permita-me repetir a você um segredo sobre o passado. Ele não existe. Claro, ele parece bem real em sua memória, e você pode até mesmo sonhar em vívidas e coloridas imagens. Mas, mesmo que você tivesse a fortuna do Bill Gates, não poderia voltar lá.

Detesto desapontar os fãs de ficção científica, mas a viagem no tempo jamais aconteceu. Não se pode ir a algum lugar que não está... lá. Agora, talvez algum dia, você seja capaz de hibernar em um cilindro de metal por séculos e acordar no futuro, mas isso tem quase as mesmas chances de ocorrer quanto a sua viagem no tempo. Quase todas as coisas são possíveis, porém revisitar o passado não é uma delas. Nem mesmo é uma coisa mais. E o futuro não existe até chegarmos lá, e, quando chegamos, torna-se o presente. Uma das minhas placas favoritas decora um estabelecimento de frutos do mar, ao sul de onde moro: "Caranguejo de graça amanhã!" Veja mais sobre isso lá no primeiro capítulo, na seção "Evite as brechas".

A culpa baseia-se na ilusão de que o passado ainda está aqui. Você se arrepende de algo que não está fazendo mais. O fato de haver cometido adultério vinte anos atrás não faz de você um adúltero hoje. Ter furtado uma nota de 20 dólares da carteira de seu irmão quando você era adolescente não o torna um ladrão. Você é um ser humano vivendo no presente, aqui e agora.

Tudo o que importa para Deus é o seu relacionamento com ele agora. Você vive um bom momento? Aqui está outro segredo: Deus já o perdoou por tudo. Você é que ainda não se deu conta disso. Com certeza, poderá haver consequências pelos erros que cometemos no passado. Uma vida de consumo de drogas pode ter prejudicado o seu corpo. A tentativa de enganar alguém pode ter resultado na perda de uma ação judicial.

No entanto, Deus está interessado apenas em seu presente. De fato, Jesus nos adverte contra pensar no futuro. Nosso relacionamento com Deus e com os outros, neste dia, deve ser o foco – é um prato cheio em si mesmo.

Nem mesmo temos que relembrar todos os nossos pecados, confessá-los, nos arrependermos deles e prometermos nunca mais cometê-los novamente para obter o perdão de Deus. Na verdade, o paralítico que foi abaixado até Jesus por um buraco no telhado ouviu dele um simples "Filho, os seus pecados estão perdoados", sem a necessidade de listá-los todos (Mc 2.5).

Manter uma contagem de nossos erros do passado e barganhar essa lista com Deus é um jogo do qual jamais sairemos vencedores, além de nos distrair de uma vida de retidão, aqui e agora.

Por favor, preste atenção: confissão e perdão podem ser muito úteis e purificadores (1Jo). Arrependimento (já fiz os cinco passos com inúmeras pessoas em recuperação) é uma poderosa ferramenta para a transformação do caráter. Entretanto, se a sua vida espiritual foca mais a culpa e a vergonha pelo passado em detrimento do seu lugar no plano de Deus hoje, então você vive em desequilíbrio. O inimigo irá usar a culpa e a vergonha que você sente para mantê-lo fora do jogo. Porque, se o seu coração passa muito tempo em um passado imaginário, não haverá espaço para a alegria e o poder no presente.

Portanto, pare de tentar pagar a Deus por seus débitos passados. Jesus já pagou toda a conta. Declare a falência da culpa e da vergonha, principie cada dia como uma folha em branco. "Como posso viver em santidade hoje?" é uma pergunta muito mais importante para Deus do que "Como posso remover aquela marca negativa de minha história?"

Culpa e vergonha também levam a uma forma sutil de narcisismo. Em quem você está pensando enquanto se angustia com essas emoções? Em você, é claro. Trata-se de uma desculpa para entregar-se obsessivamente às suas maquinações interiores. E para escapar das exigências do presente.

Cinco séculos atrás, Martinho Lutero sentia-se martirizado por seus pecados como um monge agostiniano, na Alemanha. Basicamente, um de seus mentores, cansado das longas e intermináveis sessões de confissão de Lutero, aconselhou-o a parar com isso e a ter uma vida. Por meio de uma experiência espiritual posterior, Martinho Lutero moveu-se diretamente ao presente, transformando a história como poucos foram capazes de fazer. Ele chamou essa experiência de abraçar a graça de Deus, que é livre.[1]

Duas coisas acontecem quando você fica preso ao passado. Você envelhece, com o passado sobrecarregando o seu presente e o seu futuro, e perde o poder espiritual e a alegria. Claro que podemos lembrar o passado com nostalgia, porém a alegria existe em um único lugar – na presença (note a raiz da palavra!) de Deus.

---

[1] Na verdade, Martinho Lutero acrescentou a palavra "apenas" à "fé", ao traduzir a Bíblia para o alemão, a fim de enfatizar o óbvio significado do texto bíblico em Romanos 3.28: "So halten wir nun dafür, daß der Mensch gerecht werde ohne des Gesetzes Werke, allein durch den Glauben" (Português: Pela fé, independente da obediência à lei). Bíblia Luterana, 1545, domínio público.

Viva o presente. E faça isso hoje mesmo. A graça irá abundar, extirpando toda a culpa e vergonha, que atrofiarão à medida que não der atenção a elas.

Aplicação e discussão

- Um pastor se levanta, lidera a congregação a uma confissão e perdão de pecados coletivos e, então, diz: "O seu perdão está agora revalidado!" (Na verdade, vi isso acontecer.) Qual é o perigo naquilo que o pastor disse, se é que há algum?
- O quanto Deus está interessado em seus pecados passados? Claro que estamos especulando quando pretendemos compreender totalmente a Deus, mas qual é a sua opinião?
- Cite duas ou três coisas que você pode fazer para viver uma vida de retidão e santidade hoje.
- Se considerarmos o pecado apenas como um mau hábito que pode ser vencido com a prática, como isso auxilia ou impede o seu livramento dele?

Perdoe

Jesus foi incrivelmente sério com respeito ao perdão. Como afirmamos antes e iremos explicar em detalhes aqui, existem três componentes atrelados a esse conceito:

- Perdão
- Reconciliação
- Confiança

Assim, é muito importante mantê-los separados, pois misturá-los resulta em muita confusão.

O perdão é uma exigência. Para tudo. Não importa o que alguém lhe tenha feito. Você pode dizer que perdoou alguém apenas quando tiver parado de reclamar dele e não mais sentir emoções negativas quando pensar naquela pessoa.

Caso contrário, você tem muito a trabalhar. O perdão não é uma exigência que lhe garante alguns pontos celestiais cósmicos ou algum tipo de insígnia de mérito. Jesus requer o perdão porque ele nos beneficia. Veja, a ausência de perdão bloqueia os canais de alegria porque a nossa mente está obscurecida pelas queixas e reclamações. Assim, a falta de perdão irá imobilizá-lo, espiritualmente falando.

Você não deve esperar até receber um pedido de desculpas da outra parte. O tempo de perdoar é agora. Somente você é responsável pelo perdão. "Eu preciso de um tempo", o que, às vezes, pode soar como razoável, mas não é uma desculpa aceitável para protelar o perdão. A ferida irá infeccionar por semanas a fio, fazendo você adoecer ainda mais, internamente.

Às vezes, mantemos uma posição firme de não liberar o perdão, porque isso nos traz um sentimento de superioridade em relação ao ofensor. Em geral, é muito difícil deixar para lá. Deus o ama tanto quanto ama o seu ofensor, e sempre amará.

Uma vez que tenha perdoado alguém, o próximo estágio se aproxima – reconciliação. Não deveríamos poupar esforços para promover a restauração de um relacionamento rompido. Entretanto, é importante ouvir o Senhor diretamente sobre o caso em questão. Algumas vezes, é crucial que a outra pessoa tome a iniciativa da reconciliação, para a própria cura dela. Igualmente, alguns relacionamentos não devem nem ser restaurados. Algumas pessoas são tóxicas ou até mesmo fisicamente perigosas para você. Reconciliar-se com um amigo que se tornou violento pode ser possível, porém, em geral, não é recomendável restaurar a amizade. De igual modo, insistir na busca pela atenção de alguém que reconhecidamente o odeia pode alimentar algum desvio comportamental de sua parte. Qualquer que seja o caso, o Senhor mostrará a você como agir. Jesus não perseguiu a reconciliação com todos os que romperam relações com ele ou o insultaram. Na maioria dos casos, a reconciliação é um objetivo sublime. Há somente um problema: você não é totalmente responsável por ela. A outra pessoa sempre pode dizer *não*, mas, normalmente, vale tentar.

O terceiro componente é a confiança. Digamos que seu filho adulto assalte a sua carteira para comprar drogas ilícitas por causa de um vício crônico. Você toma providências para proteger a sua propriedade e, então, o perdoa. Ele, percebendo que você trocou as fechaduras da casa, lhe pede uma cópia da chave nova. Pedido negado. Ele reclama: "Vocês se dizem cristãos, mas negam o perdão ao próprio filho!" Você responde dizendo: "Sim, nós o perdoamos, porque o amamos e sempre amaremos. Gostaríamos de nos reconciliar com você, embora isso exija um grande esforço de ambas as partes. Mas no momento não há como confiar em você. A nossa confiança foi quebrada e, agora, recuperá-la dependerá de você. Então, de bom grado, lhe daremos a nova chave da casa. Restaurar a confiança depende da pessoa que a quebrou. Nós o amamos e perdoamos, porém não confiamos em você. Nas circunstâncias atuais, seria uma grande tolice de nossa parte."

Assim, manter o perdão, a reconciliação e a confiança em separado produz um grande resultado paralelo. O perdão se torna mais fácil quando considerado à parte dos outros dois componentes. Ele pode ser concedido imediatamente e sem quaisquer condições ou exigências da outra pessoa.

Se a alegria está em falta na sua vida, pare agora mesmo e examine-se. Há alguém de quem você está se queixando continuamente? Mesmo que seja apenas em suas conversas interiores? Você nem mesmo precisa contar a esse alguém que ele está sendo perdoado. Porque o perdão não é, na verdade, sobre o outro, mas sobre você. Pelo amor de Deus, a pessoa pode nem mais estar viva, ou pode estar vivendo em um local ignorado por você. Pode até ser um estranho do qual você nada sabe. Ou, quem sabe, seja um funcionário público, que você não conhece pessoalmente, cujas decisões ou políticas tenham arruinado as suas finanças. Você pode estar furioso com toda a classe por causa do que um deles lhe fez.

Pelo bem-estar da sua alma, Jesus lhe ordena que esqueça isso. Hoje. Não apenas a título de obediência, mas para que a sua alegria possa crescer novamente.

Aplicação e discussão

- Abordamos sobre perdão, reconciliação e confiança, mais cedo, neste livro. Que reflexão adicional você adquiriu nesta discussão mais extensa?
- Ainda que Jesus nos ordene a perdoar, como você pode deixar de lado vagas feridas do passado das quais nem mesmo lembra os detalhes? O perdão deve ser específico ou podemos apenas apertar o botão de deleção?
- Há possibilidades de você ainda ter sentimentos de mágoa e raiva com relação a algumas pessoas. Quem são elas, e o que você irá fazer a esse respeito?
- Você terá coragem suficiente para fazer uma lista de pessoas que precisa perdoar cara a cara, ou o contrário?

Sinta o perfume das rosas

Meu sogro Bob era uma das minhas pessoas favoritas por inúmeras razões. Certa vez, ele disse uma coisa que jamais esquecerei:

> "Eu tenho lutado contra uma crônica depressão clínica. E uma coisa tem me ajudado mais do que todos os cuidados médicos juntos: parar para sentir o perfume das rosas."

O seu país de origem, a Holanda, fica repleto de flores quase o ano todo, de modo que era fácil para meu sogro fazer isso. A maioria das famílias holandesas compra flores, pelo menos, uma vez por semana, se não mais frequentemente. E elas custam bem menos que aqui, na Califórnia.

No entanto, não precisam ser necessariamente flores. Um jovem acabou de estacionar perto de mim e saiu de seu carro, em direção à praia. Ele caminhou, lata de energético à mão, em direção a um quiosque e ficou na ponta dos pés para admirar as ondas quebrando ao longe. Sua postura perfeita e seu rosto ávido expressavam juventude e entusiasmo. Nem um grama extra de gordura em seu corpo. Ele sabe que o carro com o qual chegou aqui (um enferrujado carro popular) é apenas um degrau na escalada até chegar, algum dia, ao carro dos seus sonhos.

Ele não está aqui para cumprir algum tipo de obrigação, mas está desfrutando cada segundo do auge de sua vida física. Em sua caminhada de volta ao carro, ele não demonstra nenhuma pressa. Enquanto o jovem dirige visando a encontrar um ponto de surfe melhor, é possível perceber que seu carro necessita de um novo silencioso. Ele nem mesmo parece perceber isso. Está pensando na onda na qual irá surfar em breve.

Ele está desfrutando do fato de estar vivo e, conscientemente, sorvendo da criação que o rodeia. Triste é saber que há outros jovens, nos arredores, escondidos em quartos escuros e malcheirosos, rodeados de roupas sujas e embalagens vazias de pizza, enfeitiçados diante da tela de um computador, praguejando contra si mesmos enquanto jogam videogames. Eles não fazem a menor ideia do dia glorioso que os está esperando aqui, do lado de fora.

Sentir o perfume das rosas está relacionado a desfrutar intencionalmente da criação. De sair um pouco. De aprender a se vestir, independentemente do clima, e apreciar cada estação. Parar de reclamar do tempo e apenas desfrutá-lo. Walt Whitman parecia passar a maior parte de sua vida cheirando as rosas e "cantando o corpo elétrico", como uma vocação de todos os tipos, quase nunca escrevendo sobre estar no lado de dentro.

Irremediavelmente, as telas sempre farão parte de nossa vida, mas podemos desenvolver o hábito de tirar os olhos delas e olhar para cima. Com frequência. Neste exato momento, estou digitando estas palavras em meu MacBook, mas, se olhar para cima, posso ver os ventos quentes (nós os chamamos de ventos de Santa Ana) pulverizando a crista das ondas, assim que elas quebram, de volta ao oceano. O sopro quente e seco do Santa Ana aquece cada canto do meu corpo sem a umidade opressiva que pode acompanhar o verão. A areia branca e brilhante tremula sob o sol implacável, criando vibrações ilusórias no ar acima dela que, ocasionalmente, distorcem a minha visão da água.

Eu tenho um passe do State Parks, pendurado no retrovisor central, que me permite acesso a alguns dos melhores lugares no planeta para "sentir o perfume das rosas". Jamais fico mais de três dias sem usá-lo. Eu reconstruí o meu *motorhome* de modo a poder abrir a porta lateral deslizante e ter acesso à melhor vista possível. Meu amigo, Brent, instalou um sistema elétrico que possibilita o uso de corrente elétrica sem reduzir a carga da bateria. Assim, tenho um escritório móvel que me permite estacionar em qualquer lugar, sentar-me ao vento e abrir o toldo branco que me protege do sol causticante. Como você pode intensificar e aumentar o seu tempo de "sentir o cheiro das rosas"?

E as pessoas ao seu redor também constituem uma parte física da natureza. Ao abraçar aqueles que você ama, aproximar-se deles e sentir o cheiro da pele deles, comprometa-se a memorizar cada diferente fragrância. Com os olhos vendados, você poderia identificar os seus amados? Supere o seu receio e desconforto quanto a contatos físicos com outros. Claro que alguns sensatos limites devem ser observados, entretanto, quase ninguém se importa com uma mão no ombro enquanto o diálogo se desenrola. Jamais negue um abraço a uma viúva mais velha. Aquele pode ser o único contato com outra pessoa que ela terá durante toda a semana. Aprendi isso com meu amigo, Tom, antes de ele falecer, e tenho repetido esse gesto em sua honra, desde então.

O livro de Eclesiastes (que lida com a difícil dança entre o desencorajamento e a alegria) igualmente nos incentiva a desfrutar do comer e do beber. Desde a minha pós-graduação, na Alemanha, na década de 1980, passei a apreciar a água mineral com gás europeia. Assim, uma garrafa de Gerolsteiner sempre me acompanha aonde quer que eu vá. Fico bebericando aquela deliciosa água por horas. Igualmente, amo a comida caseira da minha esposa Wendy. Ontem à noite, saboreamos uma carne de porco desfiada, que não esquecerei tão cedo. Fomos a um desses restaurantes famosos, em Seal Beach, semanas atrás, e ela disse: "Essa comida está boa, porém posso fazer melhor, e por um preço bem mais atraente." E ela estava certa!

Sentir o perfume das rosas não vai resolver cada pequeno problema em sua vida, mas constitui uma forma de cultivar a gratidão, não por suas circunstâncias, mas por sua própria existência. E a gratidão, como o sal sobre batatas fritas frescas e quentes, extrai o próprio sabor da alegria.

Saia para o mundo exterior e aproveite cada oportunidade que tiver.

Aplicação e discussão

- Tente ler o restante deste livro (ou estudá-lo em grupo) em um ambiente externo. Você se entusiasma com a ideia ou isso lhe traz desconforto? O que isso revela sobre a sua relação com o mundo do lado de fora?
- É mais provável que você faça as coisas no ambiente exterior se desfrutar delas. Em um ambiente externo, que atividades você acha mais divertidas?
- Quais pessoas você é capaz de reconhecer apenas pelo cheiro? Como pode aumentar essa lista?

Cultive uma prática sabática

"Eu não preciso de uma religião organizada para ser espiritual."

Sim, sim. Que seja.

Você acredita em uma educação organizada, em um clube esportivo organizado, em um sistema de tráfego organizado. Contudo, fé e espiritualidade devem ser aleatórias e não intencionais? Destituídas de uma dinâmica relacional duradoura?

A verdade é que uma família de fé pode ser uma grande fonte de alegria. Uma congregação não é como um clube intelectual ao qual você se associa. Antes, é uma comunidade de pessoas reais, reunidas em tempo real, para construir relacionamentos reais. Pessoalmente.

Quando, na história da humanidade, isso foi mais necessário que em nossos dias?

Neste livro, tenho usado essa palavra com extrema frequência e vou utilizá-la uma vez mais: intenção. Cultivar a nossa presença nas famílias de fé, como uma cultura, tem sido relegada ao último lugar em nossa escala de intencionalidade. Atrás do jogo de futebol ou das transmissões esportivas na televisão. Sem se esquecer dos inúmeros programas de calouros.

Apesar de todas as suas falhas (e tenho escrito sobre elas neste livro), a comunidade cristã é, em minha concepção, a grande esperança da raça humana. Não posso falar quanto às outras religiões, porém tenho visto, em algumas congregações judaicas, as mesmas qualidades e benefícios das cristãs.

A comunidade espiritual voluntária, edificada com base no reforço de valores positivos compartilhados, auxílio mútuo, no desenvolvimento holístico e espiritual de crianças, bem como na preservação e transmissão do que há de melhor na sabedoria antiga, constitui um recurso de valor inestimável para qualquer nação ou etnia. Elvis e Oprah desenvolveram as habilidades essenciais que sensibilizaram e influenciaram o mundo todo em pequenas e brancas igrejas (necessitadas de uma pintura), na zona rural do Mississipi, nem todas muito distantes umas das outras.

Foi em uma pequena igreja de tijolos, nas montanhas de Idaho, que aprendi a me relacionar em um cenário de múltiplas gerações. Foi lá também que memorizei, parágrafo por parágrafo, as letras de Thomas Cranmer (certamente um dos maiores letristas da língua inglesa), pois elas eram cantadas e faladas em nosso hinário litúrgico. *Por isso fugimos por refúgio em tua infinita misericórdia, buscando e implorando tuas boas graças...* Aprendi a cantar em quatro vozes ao imitar o meu avô, que tinha um tom perfeito de voz. Sentado ao meu lado, ele sempre cantava com uma voz de baixo que expressava poder, não volume, como uma onda na rebentação.

O porão da igreja exalava um cheiro de comida compartilhada, impregnado ao nível da argamassa entre os tijolos. Foi lá, na escola de ensino fundamental, que eu vi um cantor evangélico afro-americano emudecer, tão emocionado com a própria música, que se viu incapaz de terminar algumas frases sobre liberdade. Foi lá que alguns jovens do ensino médio – vestindo bermudas, tocando guitarras de pés descalços e retornando de um acampamento bíblico, no auge do movimento de Jesus, no início da década de 1970 – perguntaram ao pastor se poderiam participar do louvor no culto daquela semana para que pudessem nos ensinar as músicas que haviam aprendido no acampamento. Eles nos disseram que Jesus era o *superstar* deles e nos deram o 11º Mandamento: "Não transpirem." Foi lá que o zelador, chamado apenas de Ham, costumava limpar as janelas de vidro com uma escova de dente "para deixar a luz entrar melhor". A cada domingo, ele acendia as velas antes do início do culto com seu isqueiro da Segunda Guerra Mundial. Foi a igreja que deu abrigo ao seu filho, Mike, após um período de reclusão por um delito cometido.

Não podemos dar aos nossos filhos e netos maior presente que este: pertencer a uma comunidade cristã. A coisa mais importante que aprendi lá foi que havia uma fonte de poder maior que qualquer um de nós, ou mesmo que todos nós juntos. Era uma pequena e imperfeita tribo, em uma decadente cidade industrial, caracterizada pelo crepitar das fundições de chumbo, que se formou em torno da jubilosa mensagem proclamada dois mil anos atrás. O ponto mais alto da igreja, no ano, era o culto matutino do Domingo de Páscoa. O cheiro do café da manhã, preparado pelo grupo de jovens, espalhava-se com o vento. Meu pai, o pastor, caminhava pelo silencioso corredor. Era possível ouvir uma agulha caindo. As luzes eram apagadas, e o sol invadia o salão através das imaculadas janelas de Ham. A cruz de metal permanecia no alto da parede, ao fundo do altar, encoberta por um véu escuro. Então meu pai se dirigia para lá e, num gesto impetuoso, rasgava o véu e proclamava: "Cristo ressuscitou!" E, como acontecia todo ano, a alegria do Espírito Santo descia sobre todos os presentes.

A alegria é o supremo motivador.
Ela motiva uma vida plenamente vivida.

Aplicação e discussão

- Em sua opinião, por que a frequência às igrejas tem decrescido tanto, nas últimas décadas?
- Que mudanças seriam necessárias para obter o seu comprometimento em elevar a sua presença com sua família de fé ao próximo nível?
- Cite três pessoas que poderiam se beneficiar com as reflexões sobre alegria inseridas neste livro. Escreva os nomes aqui. Por que ser um propagador da alegria é, por si só, uma fonte de alegria pessoal?
- De que maneiras os seus hábitos nem sempre estão alinhados com as suas intenções?

AGRADECIMENTOS

Cada livro constitui um projeto de equipe, e, verdade seja dita, nenhum ser humano possui pensamentos genuinamente originais. Tudo o que fazemos é recombiná-los e reapresentá-los de maneiras novas. Assim, devo meu agradecimento a muitas pessoas.

Tendo dito isso, gostaria de agradecer, em especial, aos Garborgs, por terem aninhado a ideia deste livro por quatro anos, sem descuidar dela. Rolf, Marie, Joanie e, especialmente, Carlton. Jason Rovenstine é apenas casado com uma Garborg, mas estava lá desde o princípio. E sua esposa Lisa, uma excelente quiroprática que deu um jeito em meu dolorido pescoço, durante um jantar, pelo qual ainda sou grato.

Minha gratidão a David Sluka que, juntamente com Carlton, formou o motor que realmente colocou este livro em suas mãos. Obrigado a Jocelyn Bailey, Wendy Housholder e, novamente, a David Sluka, meus revisores. Wendy leu os primeiros capítulos do livro e me encorajou a prosseguir até o fim.

Sou grato aos meus preparadores físicos Katherine Slay e Shay Haghighat, que mudaram o que eu achava ser fisicamente possível e me ajudaram a ficar substancialmente mais forte e flexível com a idade. Além disso, eles transformaram os mais penosos exercícios em atividades mais divertidas.

Gostaria de agradecer também aos meus amigos Bruce Gera e BT (Brian Taylor), que continuamente me ensinam a surfar melhor. Extrair o melhor das pessoas é o alvo deste livro.

Deus abençoe meus companheiros Stammtisch Kameraden, Bob Rognlien, Dana Hanson e Steve Goodwin. Dana, este é o meu quarto livro. Cadê o seu?

Obrigado ao meu companheiro de oração, Reverendo Walter A. Jackson III, bem como aos meus compadres, Steve Zeeman e Brooks Larson, por tolerarem o meu lado menos iluminado, estimulando o lado mais prestativo que escreveu este livro.

Sou grato ao grupo de casais, que mantém fiéis encontros por quase dez anos. Não há um único tópico nesta obra que não tenha uma corrente ancorada em uma de nossas discussões, nas noites de segunda. Lou e Pam Mannone, Robert e Jewell Coffman. Tim e Vicki Scanlon. Os relacionamentos mais indispensáveis que temos.

Não posso deixar de agradecer ao meu mecânico, Brent Larson, que mantém o meu *motorhome*, ano 71, funcionando, me permitindo ir a lugares maravilhosos e escrever livros como este. A maioria de meus livros foi escrita ao ar livre. Não sei ao certo por que há ambientes fechados no sul da Califórnia.

Sou muito grato à minha mãe Delphine, que vende mais livros que a Amazon. E a Jennifer Clark Tinker, editora da publicação *Life & Liberty*, e a Lindsey Trego, minha assistente pessoal, que faz muito mais do que eu para promover as minhas ideias. De igual modo, Lindsey me deixa livre para criar ao gerenciar eficientemente a minha agenda. Infelizmente para ela, isso costuma ser um desafio e tanto.

Esta obra tem muito a dizer sobre perdão, e meu filho Lars (nascido em 1988) personifica isso por praticamente jamais dar guarida a um sentimento de rancor ou ressentimento.

Obrigado aos irmãos da Robinwood Church, em Orange County, por me darem a chance de ensinar estes conceitos, aos domingos de manhã, e por caminharem todo o tempo comigo. Menção especial deve ser feita a Bud Potter, John Ellis e LeRoy Wood que, a cada domingo, durante o café da manhã, me ajudaram a escrever os meus sermões. Em grupo, as pessoas são mais espertas que isoladamente.

Avivah Zorberg, de Israel, e Eugen Drewermann, da Alemanha, são mestres da Bíblia cujos pensamentos, pelo menos indiretamente, permeiam muito do que eu ensino e escrevo. Assim como o evangelista que conhecemos como Marcos, aquele bom rapaz que escreveu um dos quatro Evangelhos e que, em minha opinião, realizou um trabalho melhor que os outros três.

Bênçãos sobre Dean Truitt, meu fiel parceiro de negócios e cocriador do The BlackberryBush Course, que a sua igreja precisa começar a usar. Muitas das ideias desta obra provêm desse curso. www.BlackberryBush.org.

Por fim, especial agradecimento a J. E. Danielson, Tom Housholder, Richard Dunn e Bob Vermeer, que estão todos em casa, com o Criador, e que incorporaram em sua vida cada ideia deste livro.

Escrever um livro demanda todo um vilarejo de pessoas.

Este livro foi impresso em Novembro de 2018,
pela Geográfica Editora.
Composto nas tipologias
Adobe Garamond Pro e Helvetica LT Std.
O papel do miolo é Offset 75g/m²
e o da capa é Couche fosco 150g.